뜨개질 레벨을 한 단계 올려주는

손뜨개 영문패턴 핸드북

니시무라 토모코

YUNA

프롤로그

영문패턴은 어려운가요?

"영어로 된 손뜨개 패턴을 본 적이 있지만 뜨개도안도 없고
암호 같은 알파벳이 쓰여 있어서 잘 모르겠어요."
"한 번 시도하려고 사전도 찾아보았지만, 전혀 읽을 수가 없었어요."
라는 이야기를 종종 듣곤 한다.
그것도 그럴 것이, 영문패턴에 사용되는 영어 단어는 전문 용어를 많이 포함하고
있어서 해석하려면 특별한 지식이 필요하다.
한국어로 된 뜨개도안도 뜨개기호나 용어에 대한 기본 지식이 없는 사람은
아무리 한국어를 잘한다 해도 읽고 뜰 수 없는 것과 같은 이치이다.
반대로, 영어는 잘 몰라도 뜨개질을 조금 할 줄 알고,
영문패턴에 대한 도전 정신만 있다면 읽을 수 있다.
이 책이 영문패턴에 도전하는 「계기」가 될 수 있다면 저자로서 정말 기쁠 것이다.

영문패턴은 문자로만 되어 있어서 완성된 작품의 이미지를 떠올리기 어렵다.
그래서 많은 사람이 뜨개질을 시작하기 전에 문장을 해석해서
도안을 그려보고 싶어 하지만, 이 방법은 추천하지 않는다.
영문패턴을 보고 어느 정도까지는 도안을 그릴 수 있겠지만, 잘 모르는 부분이
나오게 되면 뜨개질을 시작하기도 전에 포기하는 경우가 많기 때문이다.

우선 손을 움직여 뜨기 시작하는 것이 중요하다.

도안을 꼭 그려보고 싶은 경우에는
뜨면서 메모를 남겨 둔 후, 나중에 정리하는 방법을 추천한다.
도안으로 그리다 보면 뜨개기호로는 표현할 수 없는 부분도 나오기 마련이다.
뜨개도안 기호로 어떻게 표현해야 할지 망설이는 동안 시간만 낭비된다.
이런 과정을 겪고 나면
'뜨개도안으로 나타낼 수 없는 것도 있구나.'
라는 것을 깨닫게 된다.
이것을 실감하게 되면 '새로운 뜨개질의 세계를 발견했다!',
'뜨개질은 자유로운 것이구나!'라고 느끼게 될 것이다.

자, 지금까지 어려운 암호로만 보이던
영문패턴을 함께 해석해 보자!

목차

프롤로그	2
이 책의 사용방법	6

기본편　　　　　　　　　　　13

영문패턴을 찾아보자
〈인터넷과 해외서적〉 ································ 14

인터넷에서 패턴을 다운로드 한다	14
해외서적·잡지를 이용한다	20

영문패턴의 특징을 알아보자 ············ 22

영문패턴의 기본 구성 ························ 25

샘플패턴 Paulie	26
필요한 재료·도구	36
털실(yarn)에 대하여	36
Tips 지정된 실 이외의 것을 고르는 방법	39
Tips WPI(wraps per inch)를 활용하자	40
바늘(Needles)에 대하여	42
Tips 딱 맞는 바늘이 없을 때	42
그 외의 도구 (Notions/Accessories)에 대하여	43
게이지	44
사이즈	45
패턴 해설·디자이너 코멘트	46
패턴 테크닉과 축약어 해설	47

기본 뜨는 법 해설	47
무늬뜨기 해설, 뜨개도안	48
축약어 표(Abbreviations)	48
뜨는 법	49
Tips 사이즈 결정	50
「반복」 표현	52

데이터편　　　　　　　　　　　55

용어집(대바늘뜨기) ·························· 56

용어집(코바늘뜨기) ·························· 74

여러 가지 대조표 ····························· 79

실 굵기 대조표	79
대바늘 굵기 대조표	80
코바늘 굵기 대조표	81
인치/센티미터 단위 환산표	82
치수 재는 부위의 명칭	83

알아두면 좋은 표현과 뜨는 법 ············ 84

(1) 영문패턴 특유의 표현과 뜨는 법	84
(2) Casting on(대바늘 기본코 만들기)	94
(3) Binding off(코마무리)	97
(4) Seaming(이어 붙이기)	100

실전편　　　　　　　　　　103

영문패턴을 뜰 때 자주 하는 질문 ……… 104

「마커」를 그다지 사용한 적이 없는데
패턴에 쓰여있는 대로
사용하는 것이 좋을까요?　　　　　　104

영문패턴에 지정된
실과 바늘을 사용하면 게이지가
느슨하게 나오는 것 같은데…?　　　　105

반복 표현이 다양해서
혼란스러워요.　　　　　　　　　　　106

축약어를 읽는 요령이 있나요?　　　　107

yf, yrn, yo, yfrn은 전부 「바늘비우기」로
번역되어 있는데 어떤 차이가 있나요?　108

교차뜨기의 축약어는 뜨개도안으로
보는 것보다 훨씬 어려워 보여요.　　　109

줄바늘의 편리한 여러 가지 사용법을
알고 싶어요.　　　　　　　　　　　　112

이어 붙이기를 해야 할 곳에
「sew」라고만 쓰여 있어요.
도대체 어떻게 하라는 것일까요?　　　113

마무리가 그렇게 중요한가요?　　　　　114

「블로킹」이란?　　　　　　　　　　　115

바늘 잡는 방법이나 뜨는 방법은
나라마다 다른가요?　　　　　　　　116

외국에는 바늘 종류가 많은데,
선택하는 기준이 있나요?　　　　　　117

코바늘 패턴에서 「받침코」에 대한
기재가 없고 기둥코의 콧수도 부족한 것
같이 보여요. 패턴이 틀린 건가요?　　　118

코바늘뜨기의 용어는 미국식 영어와
영국식 영어가 다른가요?　　　　　　119

코바늘 잡는 방법도 나라마다 다른가요?　120

영문패턴을 실제로 떠보자! ……… 122

"Samonne"
삼각 숄 「새몬느」　　　　　　　　　124

"Window Pane Hat"
격자무늬 모자　　　　　　　　　　130

"Gathered Cowl"
주름 장식이 있는 스누드　　　　　　136

"Zigzag scarf"
지그재그 무늬 스카프　　　　　　　139

"Patchwork Hanger"
i-cord 를 떠서 입힌
패치워크 문양의 옷걸이　　　　　　142

"Flower-motif
Tape Measure Cover"
꽃 모티프 줄자 커버　　　　　　　144

손뜨개 관련 해외 인터넷 사이트　　　148

손뜨개 관련 국내 인터넷 사이트　　　148

참고문헌　　　　　　　　　　　　　149

에필로그　　　　　　　　　　　　　150

이 책의 사용방법

기본편

"Paulie"
폴리
뜨는 법 : p26

"Samonne"
삼각 숄 「새몬느」
뜨는 법 : p124

"Window Pane Hat"
격자무늬 모자
뜨는 법 : p130

"Gathered Cowl"
주름 장식이 있는 스누드
뜨는 법 : p136

"Zigzag Scarf"
지그재그 무늬 스카프
뜨는 법 : p139

예쁜 도구를 찾아보거나, 스스로 만드는 것도 손뜨개의 즐거움 중 하나이다. 영문패턴에서 자주 쓰이는 마커는 테딩레이스나 비즈를 사용하여 만드는 것도 가능하다(가운데 오른쪽에 있는 귀걸이 같은 도구). 우측 상단의 젤리 같아 보이는 곰과 털실 모양의 것은 바늘 끝에 끼워서 사용하는 바늘마개이고, 그 위의 모자와 장갑 모양은 장갑바늘 등 동일한 호수의 대바늘을 정리해서 보관하는 도구이다.

영문패턴을 뜰 때 사용하는 물건들이다. 일반적인 아날로그 도구뿐만 아니라, 손뜨개 정보 수집에 반드시 필요한 Ravelry(레블리) 등 손뜨개 애플리케이션을 사용할 수 있는 단말기가 있으면 편리하다.

"Flower-motif
Tape Measure Cover"
꽃 모티프 줄자 커버
뜨는 법 : p144

"Patchwork Hanger"
i-cord 를 떠서 입힌
패치워크 문양의 옷걸이
뜨는 법 : p142

편리한 도구들
평상시에도 사용할 수 있는 편리한 물건들

단추를 이어 붙인 것
스톨이나 솔에 있는 「구멍」 부분을 이용하여 단춧구멍에 커프스단추를 끼우듯이 사용한다. 마음에 드는 단추 2개를 고리나 실로 이어 붙여서 간단하게 만들 수 있다. 물론, 구멍에 끼울 때는 구멍이 무리하게 늘어나지 않을 정도의 크기가 적당하다. 퀼트핀보다 확실히 고정할 수 있고, 솔핀보다 간단하게 사용할 수 있다.

돗바늘용 핀쿠션
페트병 뚜껑에 코바늘로 짠 니트 볼을 넣어서 만든다. 손뜨개 도구 속에 넣어두면 꿰매기와 잇기를 하거나 마무리로 실을 정리할 때 사용하는 돗바늘을 꽂아 놓을 수 있어서 편리하다. 항상 돗바늘과 세트로 준비한다.

치실
치실은 「라이프라인(용어집 p64)」으로 사용할 수 있다. 게다가 「커터」가 있어서 이동 중 뜨개질을 할 때 가위 대신에 사용할 수 있다(특히, 비행기에는 가위를 가지고 탑승할 수 없으므로 편리하다). 물론, 치아 관리에도 사용할 수 있다. 왁스가 없는 제품을 사용하는 것이 좋다.

기본편

영문패턴을 찾아보자　　　　　p14 ~ p21

영문패턴의 특징을 알아보자　　p22 ~ p24

영문패턴의 기본 구성　　　　　p25 ~ p53

영문패턴을 찾아보자
〈 인터넷과 해외서적 〉

인터넷이 발달하면서 손뜨개에 대한 다양한 정보를 쉽게 접할 수 있게 되었다. 그에 따라 예전에는 찾아보기 어려웠던 영문패턴도 점차 친숙해 지고 있다.
여기에서는 영문패턴을 찾는 방법으로 인터넷과 해외서적을 소개한다. 영문패턴을 뜰 때, 인터넷을 사용할 수 있는 환경이 갖춰지면 편리하다. 하지만, 가장 중요한 것은 뜨개질을 좋아하고 도전하고자 하는 마음가짐이다.

인터넷에서 패턴을 다운로드 한다

패턴북을 사지 않고도 인터넷을 이용해서 한 작품씩 구할 수 있다.
다음에 소개하는 사이트에서 많은 종류의 패턴을 구할 수 있다.

Ravelry (레블리) https://www.ravelry.com/

이미 등록했거나 들어본 적이 있는 사람이 많을 것으로 생각된다.
Raverly는 미국 손뜨개 애호가들의 교류 사이트이다.
손뜨개 애호가라고 표현했지만, 그 속에는 대바늘, 코바늘뿐만 아니라 방적, 직물, 염색을 즐기는 사람들도 있어서, 각자의 작품, 재료, 도구를 관리하는 툴로 활용하고 있다.

본격적으로 활용하기 위해서는 등록이 필요하지만, 요금은 무료이다.
기능이 풍부하여 등록한 후에 로그인하면 사이트 상단에 여러 가지 메뉴가 나타난다.

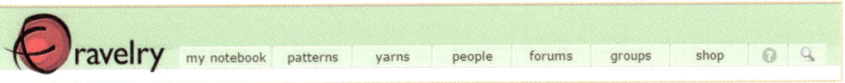

my notebook에는 각자의 작품을 관리하고 공유할 수 있는 부분(project)과 손뜨개 패턴을 「수납」할 수 있는 libray 등이 있다. Raverly 안에 있는 다른 회원들과 메시지를 주고받는 것도 가능하다.

patterns에서는 여러 가지 패턴을 검색할 수 있고 마음에 드는 것은 다운로드할 수 있다(유료인 경우도 있다). 각 패턴의 페이지에서 projects(작품)를 선택하면 다른 회원들이 그 패턴으로 제작한 작품의 사진을 열람할 수 있다.

yarns는 실에 대한 데이터베이스이다. 여러 나라의 실 메이커가 만들고 있는 실에 대한 정보를 구할 수 있다. 그리고 특정 실을 검색해서 그 실로 만든 project(작품)를 보는 것도 가능하다. 실은 있지만 무엇을 뜨면 좋을지 잘 모르겠을 때 좋은 아이디어를 찾을 수 있다.

group에는 Ravelry 안에 여러 가지 주제별로 만들어진 그룹이 소개되어 있다. 자유롭게 참가하는 것도 가능하다. 손뜨개에 한정되지 않고 다양한 주제의 그룹이 있으므로 들여다보는 것도 재미있다.

people에서는 디자이너뿐만 아니라 지인, 친구 등 Ravelry 사용자를 찾아서 소통하는 것이 가능하다.

이 외에도 여러 가지 활용 방법이 있어서 정보의 세계를 넓힐 수 있다.

Knitty (닛티) http://www.knitty.com/

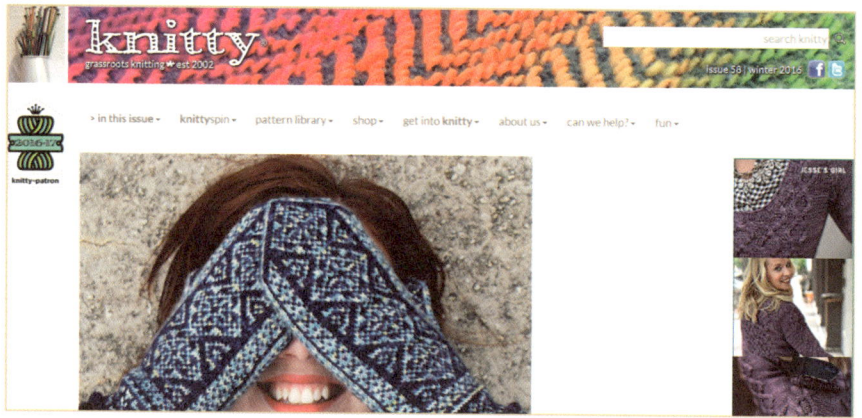

캐나다의 온라인 니트 매거진으로 일 년에 4번 업데이트되는 계간지이다. 이 사이트는 회원등록 없이 이용할 수 있어서 편리하다. 패턴뿐만 아니라 손뜨개 전반과 털실, 뜨는 법, 방적 관련 기사, 특집 등 콘텐츠도 풍부하다.

다음 2가지 방법으로 패턴을 볼 수 있다.

1) 최신호의 패턴에 접속하는 경우
「in this issue」(목차)에서 ⇒ 「patterns」를 선택한다

2) 과거의 패턴에 접속하는 경우
「pattern library」에서
⇒ 「find past pattern + features」를 골라서 아이템별로 검색
⇒ 「browse back issues by cover」를 선택하여 과월호의 표지에 들어간 후 1)의 요령으로 개별 패턴에 접속한다.

원하는 패턴을 인쇄할 때는 「print only essentials」을 선택하여 뜨는데 필요한 내용만 인쇄할 수 있다. 종이와 잉크 등 자원을 아낄 수 있다(단, Summer 2008호 이전에는 이 기능이 없다).
모든 내용을 인쇄하려면 「print everything」을 선택한다.

그 외의 사이트

Ravelry나 Knitty 이외의 다양한 털실 메이커나 쇼핑 사이트에서도 무료/유료 패턴을 제공한다.

· ROWAN http://www.knitrowan.com/
영국의 털실 메이커로 1년에 2번 자사 제품의 패턴북을 출간한다. 패턴을 다운로드하려면 회원등록이 필요하다.

· DROPS http://www.garnstudio.com/
노르웨이의 털실 메이커로 7만 건 이상의 무료 패턴을 제공한다. 코바늘 패턴도 풍부하다.

· Berroco http://www.berroco.com/
미국의 털실 메이커로 세련된 의류의 무료 패턴이 많다. 난이도 표시가 있다. 인기 디자이너 Noral Gaughan이 디자인 팀에 소속되어 있다.

· Classic Elite Yarns http://www.classiceliteyarns.com/
미국의 털실 메이커로 매주 회원에게 이메일로 무료 패턴을 보내준다. 사이트에 접속하면 무료 패턴을 볼 수 있다. 의류에서 소품까지 폭넓은 아이템의 패턴이 있다.

· Blue Sky Alpacas http://blueskyalpacas.com/
품질과 발색이 좋기로 유명한 털실 메이커이다. 선물용으로 좋은 아이템의 무료 패턴이 있다. 유료 패턴도 있다.

· Yarnspirations http://www.yarnspirations.com/
작품이 독특하다. 예스러운 Patons를 비롯하여 Bernat 등의 브랜드도 취급하는 온라인 쇼핑몰이다. 무료 패턴은 심플한 것이 많다.

· Purl Bee http://www.purlbee.com/
뉴욕에 있는 Purl Bee라는 숍의 사이트. 털실과 옷감의 셀렉트 숍이 운영하는 사이트답게 심플하지만 세련된 아이템이 많다.

유료패턴과 무료패턴

인터넷 패턴에는 털실 메이커가 자사 상품의 프로모션으로 제공하고 있는 것부터 니트 디자이너나 아마추어 손뜨개 애호가가 디자인한 것 등 여러 종류가 있다. 그중에는 무료 패턴(Free Pattern)이라고 하는 무료로 사용할 수 있는 패턴도 많이 있다.

디자인이 뛰어난 것이나 유명 디자이너의 패턴은 유료로 판매하는 경우가 많다. 하지만 무료 패턴 중에도 훌륭한 디자인도 있고, 본래는 유료였던 것이 기간 한정 이벤트로 무료 배포되는 경우도 있다.

유료 패턴에는 디자인 요금뿐 아니라 테크니컬 에디터(기술적인 편집. 즉 패턴에 모순은 없는지, 계산의 앞뒤가 잘 맞는지 등을 검사하는 담당자)에 대한 요금이 포함되어 있다. 그러므로 패턴 가격은 품질 보증료로 지불한다고 생각하면 된다.

유료 패턴의 경우 해외 온라인 결제를 하는 데 불안을 느끼는 경우가 많다.

대부분의 사이트는 PayPal(신용카드 결제대행 서비스) 또는 신용카드로 결제하게 되어 있는데, 두 가지 방법 모두 신용카드 정보를 입력해야 한다. 그래서 해외 인터넷 사이트에서 쇼핑할 때 개인정보가 유출될까 봐 불안한 마음에 거부감이 들 수 있다.

내 경우에는 만일의 사태를 대비하고 위험을 최소화하기 위해 인터넷 쇼핑이나 해외 사이트 구매에만 사용하는 신용카드를 만들고, 결제 계좌도 그 카드 전용으로 따로 개설했다. 카드 결제일이 될 때마다 매번 입금해야 하는 불편함은 있지만, 만일의 경우 귀찮은 일이 발생할지도 모르므로 「보험」이라고 생각하고 있다.

패턴 데이터는 자주 정리한다

인터넷에서 패턴은 주로 PDF 파일로 제공된다. 따라서 수납할 공간도 필요 없고, 뜨고 싶을 때 프린트해서 사용하면 된다.

하지만, PDF 파일을 잘 정리해 놓지 않으면 원하는 패턴의 저장 장소를 잊어버리기 쉬워서 뜨고 싶을 때 바로 찾지 못하는 경우가 발생하기 쉽다. 따라서 파일을 쉽게 찾을 수 있도록 관리하는 것이 중요하다.

예를 들면, 「손뜨개」라는 커다란 폴더 속에 「Pattern Downloads」라는 폴더를 만들고, 패턴 PDF 파일을 다운로드하면 항상 이곳에 저장하도록 한다. 폴더 속에 파일이 많아지면 다시 분류하여 정리한다. 아이템별, 디자이너별로 폴더를 만든다. 인쇄된 종이를 클리어 파일에 정리하는 것과 같은 이치이다.

Ravelry를 이용하는 경우에는 My library가 그 역할을 한다. 분류(sort) 기능도 있어서 편리하다.

영문패턴을 찾아보자

해외서적 · 잡지를 이용한다

어렸을 적 우리 집에는 할머니가 모아놓은 해외서적이 많이 있었다. 당시에는 서점에 가서 주문해야만 살 수 있었기 때문에, 매우 드물고 구하기 힘들었지만, 지금은 인터넷으로 간단히 살 수 있다. 인터넷 서점에 주문하면, 이르면 다음 날에도 도착하는 세상이 되었다.

주요 손뜨개 전문지

· Vogue Knitting
미국의 니트 전문지. 연간 5회 발행. 스타일리쉬한 작품이 많다. 미국 이외의 나라에서는 Designer Knitting이라는 타이틀로 판매되고 있다.

· Interweave Knits
북미 최대의 수공예 관련 미디어 사업을 전개하는 F+W Media사가 운영하는 출판사인 Interweave사가 계간으로 발행하는 대바늘뜨개 전문지.

· Interweave Crochet
Interweave사가 발행하고 있는 코바늘뜨개 전문지.

· Knitscene
Interweave사가 발행하는 「심플 & 스타일리쉬」가 콘셉트인 니트 전문지.

· ROWAN
영국의 실 메이커가 연간 2회 발행하는 패턴 북.

· The Knitter
영국의 니트 전문지로 매월 발행. 유명 디자이너의 작품이 많고 기품있는 사진으로 평판이 좋다.

· Pom Pom
영국의 니트 & 크래프트 전문의 계간지. 작고 세련된 지면과 귀여운 작품이 특징.

· Debbie Bliss

영국의 니트 디자이너 Debbie Bliss가 편집장 겸 디자이너로 있는 니트 전문지. 자사의 실을 사용한 세련되면서 부드러운 디자인이 인기가 많다. 연간 2회 발행.

재미있는 디자인의 해외 손뜨개 서적

영문패턴의 특징을 알아보자

영문패턴의 읽는 법을 배우기 전에 뜨개도안과 뚜렷하게 다른 점 5가지를 확인해 두자.

(1) 영문패턴에는 뜨개도안이 없다

가장 큰 차이는 영문패턴에는 뜨개도안이 없는 것이다(단, 부분적인 무늬뜨기는 뜨개도안으로 설명하는 경우도 있다).

우리나라에서는 뜨개도안을 주로 사용하기 때문에 뜨기 전부터 완성된 이미지를 파악하기 쉽다. 단, 뜨개도안을 읽고 뜨기 위해서는 뜨개도안에서 사용하는 기호의 의미나 뜨는 법을 미리 알아두어야 한다.

영문패턴의 경우에는 「패턴」이라고 말은 하지만 기본적으로 뜨는 순서나 조작이 하나씩 문장으로 쓰여있다. 「순서」이기 때문에 「뜨는 법」도 그때그때 확인하면서 진행한다. 부언하자면, 문장 형식으로 되어 있는 이유는 뜨는 법이 대대로 구전됐기 때문이라고 한다.

(2) 겉과 안의 뜨는 법이 그대로 쓰여있다

뜨개도안에는 겉에서 본 상태의 기호가 쓰여있다.

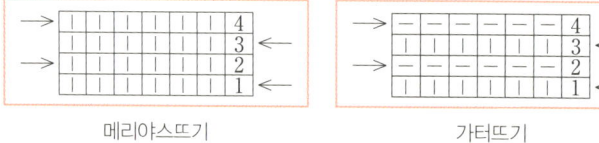

메리야스뜨기   가터뜨기

뜨개도안에서 메리야스뜨기의 2단째는 겉뜨기 기호로 표시되어 있지만 실제로는 뜨개바탕을 뒤집어서 안뜨기를 한다.
그러나 영문패턴에서는 다음과 같이 표기한다.

메리야스뜨기

RS: Knit (겉면 : 겉뜨기)
WS: Purl (뒷면 : 안뜨기)
Repeat these 2 rows
(이 2 단을 반복한다)

가터뜨기

RS: Knit (겉면 : 겉뜨기)
WS: Knit (뒷면 : 겉뜨기)
Repeat these 2 rows
(이 2 단을 반복한다)

뜨개도안에 익숙해져 있으면 왕복 뜨기의 경우에는 뒷면에서 뜨개도안에 있는 기호의 「반대」로 뜨도록 머릿속에서 무의식적으로 변환하게 된다.
하지만 영문패턴에서는 그 변환의 과정이 필요 없다. 예를 들면 메리야스뜨기는 「겉면에는 겉뜨기, 뒷면에서는 안뜨기 한다」라고 그대로 뜨는 법이 쓰여있다.
손뜨개 상급자는 이러한 영문패턴에 대해서 불안하다고 생각할 수도 있지만, 오히려 뜨개도안에 익숙하지 않은 초보자에게는 이해하기 쉬울 것이다. 한번 익숙해지면 단순하게 쓰여있는 대로만 뜨면 되기 때문에 어렵지 않게 할 수 있다.

(3) 쓰여있는 것을 순서대로 뜨면 OK!

영문패턴은 「뜨는 법」을 순서대로 문자로 설명하고 있다.
어느 단의 몇 번째 코에서 무엇을 할지 알기 위해서 뜨개도안을 보며 콧수와 단수를 셀 필요가 없다. 쓰여있는 것을 그대로 떠가면 된다.
다시 말하면 쓰여있는 것 이외의 것은 하지 않아도 된다.
예를 들면 우리나라에서는 「바늘비우기」를 한 다음 단에서는 구멍이 나지 않도록 그 「바늘비우기한 코」를 꼬아서 뜨는 경우가 많다. 그 습관이 몸에 배어 있는 사람은 영문패턴으로 뜰 때 "꼬지 않고 떠도 괜찮은가요?"라고 질문한다.
그 질문에 "안 쓰여 있어서 필요 없어요. 반드시 꼬아야 하는 경우에는 쓰여있어요."라고 설명한다.

(4) 복잡한 무늬도 어려움 없이 뜰 수 있다

뜨개도안에서는 복잡하게 표현되는 무늬가 있다.
간단한 것이라면 뒷면에서 뜰 경우에도 문제없이 「변환」할 수 있지만, 여러 가지 방향의 2코 모아뜨기를 뒷면에서 떠야 할 경우, '겉에서 봤을 때 이렇게 되지 않으면 안 되니까, 오른코 겹쳐2코 모아 안뜨기? 어라~, 이상하다, 왼쪽 위인가?' 라는 식으로 변환작업이 어려워서 뜨는 것을 도중에 포기하게 되는 경우도 있다. 하지만 영문패턴에서는 겉면에서도 뒷면에서도 뜨는 법이 알기 쉽게 그대로 쓰여있으므로 어느 순간에 '쓰여있는 대로만 했는데 신기하게 복잡한 무늬가 떠졌네!' 라고 놀라는 경우도 있다.

(5) 단수를 세는 법이 다르다

뜨개도안에서는 코만들기 단을 1단으로 생각해서 세는 경우가 많지만, 영문패턴에서는 세지 않는다. 코만들기는 기본코이기 때문이다.
다음 단, 또는 무늬의 시작을 Row 1로 카운트한다. 게다가 무늬가 바뀌는 경우나 새로운 부분을 시작할 경우에도 다시 시작하여 Row 1부터 시작한다. 단수를 지정하지 않고 「○cm가 될 때까지 뜬다」라는 식으로 쓰여있는 경우도 많아서 단수를 중요시하지 않는 것 같이 느껴진다.
이렇게 생각해보면 Row는 「단」의 의미이지만 세는 법에서는 우리나라의 「단」의 개념과는 조금 다르다. 처음에는 당황스러울 수도 있지만 유연한 생각을 가지면 금세 적응할 수 있다.

Paulie

영문패턴의 기본 구성

여기에서는 실제 패턴을 사용해서 영문패턴의 기본 구성을 살펴본다.
다음 페이지부터 카디건의 영문패턴 원문과 번역을 게재한다. p36~의 해설과 함께 읽으면 더욱 이해하기 쉬울 것이다.

샘플은 Isabell Kraemer씨의 Paulie※ 라는 카디건 패턴이다.
Ravelry에서 무료로 다운로드 가능하다.
http://www.ravelry.com/patterns/library/paulie

우리나라 뜨개도안과 같이 영문패턴도 시작 부분에 사용되는 실과 사이즈 등의 기본 정보가 쓰여있다. 그 후 축약어를 사용한 뜨는 법 설명이 있다. 잡지나 디자이너에 따라서 쓰는 방법이나 스타일에 차이가 크므로 한마디로 이렇다고 이야기하긴 어렵지만 여기서 해설하는 몇 가지 용어를 알게 되면 읽기 쉽게 될 것이다.

> ※Paulie라는 이름은 Isabell씨가 이 패턴을 디자인했을 때 태어난 조카 Paul의 이름을 딴 것이다.
> 작품의 영감이 되는 것은 디자이너에 따라 다르지만 Isabell씨의 경우에는 평상시에 눈에 띈 정보나 자극을 자신의 내면에 축적하여 디자인할 때 표현한다고 한다. 그때그때의 느낌으로 탄생한 디자인이라고도 할 수 있다.
> Isabell Kraemer씨의 디자인은 Ravelry에 다양하게 게재되어 있다.
> http://www.ravelry.com/designers/isabell-kraemer

Paulie

materials:		2 (3, 3, 4) skeins fortissima alpaka (420m/ 100g) or other fingering weight yarn (maincolour)
		1 skein trekking pro natura (420m/ 100g) or other fingering weight yarn (contrastcolour)
		us 2 ½ (3.0 mm) circulars and dpns
		5 buttons
		tapestry needle
		markers
		scrap yarn or holders
gauge:		26 sts x 38 rows = 10 cm x 10 cm in st st

paulie is worked seamless topdown. the upper part, buttonbands, collar and bottoms are worked in garter st, main part is worked in st st.

sizes:	xs (s, m, l)
finished bust circumference:	78 (86, 96, 106) cm
st st (worked flat):	k on rs, p on ws
st st (worked in rounds):	k all sts
garter st (worked flat):	k on rs and ws
garter st (worked in rounds):	rnd 1: k all sts
	rnd 2: p all sts
colourchanges for stripes:	10 rows mc, 2 rows cc

page 1

© grasflecken 2011. Pattern is for unlimited personal use. Please do not reproduce or sell this pattern, or items that are knitted from this pattern.
For any questions please contact isabell.kraemer72@web.de

재료 실: 바탕색: fortissimo alpaka (또는 다른 합세~중세 정도의 실)
1 볼의 길이는 420m, 무게는 100g
필요한 실의 양은 XS 사이즈의 경우 2 볼, S와 M 사이즈는 3볼, L 사이즈는 4볼

배색: trekking pro natura (또는 다른 합세~중세 정도의 실)
1 볼의 길이는 420m, 무게는 100g
필요한 실의 양은 1볼 (전 사이즈 공통)

바늘: US 2 ½ (3.0mm, 3호 정도) 의 줄바늘과 장갑바늘

기타: 단추 5개, 돗바늘, 마커, 별실이나 풀림막음핀(안전핀)

게이지 26코, 38단 (메리야스뜨기로 10×10cm)

Paulie는 솔기 없이 위에서 아래로 떠 나가서,
상부, 앞여밈, 소매끝, 밑단은 가터뜨기, 본체의 중심부분은 메리야스뜨기 한다.

사이즈와 완성 가슴둘레 치수: XS 78cm (S 86cm, M 96cm, L 106cm)

메리야스뜨기 (평뜨기의 경우): 겉면: 겉뜨기
뒷면: 안뜨기
메리야스뜨기 (원통뜨기의 경우): 전부 겉뜨기
가터뜨기 (평뜨기의 경우): 겉면, 뒷면 모두 : 겉뜨기
가터뜨기 (원통뜨기의 경우): 1단째 : 겉뜨기
2단째 : 안뜨기

줄무늬의 색 전환: 바탕색 10단, 배색 2단 (반복)

영문패턴의 기본 구성

Paulie

p49

instructions:

Co 82 (82, 92, 106) sts in maincolour (fortissima alpaka)

```
setup row(ws):      k1, pm, k2, pm, k12 (10, 14, 18), pm, k2, pm, k48 (52, 54, 60), pm, k2,
                    pm, k12 (10, 14, 18), pm, k2, pm, k1
```

p52

```
inc row 1:          kfb, sm, k2, sm, *m1l, k to next m, m1r, sm, k2, sm, rep from* twice,
                    kfb          (8 sts increased)
next row:           k
inc row 2:          k1, m1r, k1, m1r, sm, k2, sm, *m1l, k to next m, m1r, sm, k2, sm, rep
                    from* twice, m1l, k1, m1l, k1      (10 sts increased)
next row(ws):       k
inc row 3:          k1, m1r, *k to next m, m1r, sm, k2, sm, m1l*, rep from * to * 3 times
                    more, k to last st, m1l, k1        (10 sts increased)
next row.:          k
```

p52

rep last 2 rows 0 (0, 2, 2) time(s) more
you should have 6 (6, 10, 10)sts for each front, 18 (16, 24, 28)sts for each sleeve and 54 (58, 64, 70)sts for back, excl. the sts between the markers

```
next row(inc row):      rep inc row 3
next row:               k
next row(inc row):      rep inc row 3
next 3 rows:            k
```

rep last 6 rows 6 (7, 8, 8) times more
you should have 34 (38, 46, 46)sts for each front, 46 (48, 60, 64)sts for each sleeve and 82 (90, 100, 106)sts for back, excl. the sts between the markers

p53

only sizes xs and s:
change to st st (k on rs, p on ws)
```
next row(inc row):      rep inc row 3
next row:               p
next row(inc row):      rep inc row 3
work next 3 row in st st
```

change to contrastcolour (trekking pro natura)
```
next row(inc row):      rep inc row 3
next row:               p
```

only sizes m and l:
change to st st (k on rs, p on ws) continue inc only for fronts and back
```
next row(inc row):      k1, m1r, *k to next m, m1r, sm, k2, sm, k to next m, sm, k2, sm,
                        m1l, rep from * once more, k to last st, m1l, k1
                        (6 sts increased)
next row:               p
```

rep last 2 rows 1 (4) time(s) more

change to contrastcolour (trekking pro natura) and rep 1 more time

dividing body and sleeves (all sizes):
now you have 40 (44, 52, 58) sts for each front, 52 (54, 60, 64) sts for each sleeve and 88 (96, 106, 118) sts for back, excl. the sts between the markers

```
next row(rs):           change to mc
                        k to first m, remove m, k1, put the next 54 (56, 62, 66) sts on
                        waste yarn or a holder (sleeve sts), co 10 (12, 12, 14) sts, k1,
                        remove m, k to next m, remove m, k1, put next 54 (56, 62, 66) sts
                        on waste yarn or a holder (sleeve sts), co 10 (12, 12, 14) sts,
                        k1, remove m, k to end
next row(ws):           p
setup row:              k46 (51, 59, 66), pm, k100 (110, 120, 134), pm, k to end
```

page 2

© grasflecken 2011. Pattern is for unlimited personal use. Please do not reproduce or sell this pattern, or items that are knitted from this pattern.
For any questions please contact isabell.kraemer72@web.de

뜨는 법

바탕색으로 82(82, 92, 106) 코를 만든다.

준비 단 (뒷면): 겉뜨기1, 마커 걸기, 겉뜨기2, 마커 걸기, 겉뜨기 12 (10, 14, 18), 마커 걸기, 겉뜨기2, 마커 걸기, 겉뜨기48 (52, 54, 60), 마커 걸기, 겉뜨기2, 마커 걸기, 겉뜨기12 (10, 14, 18), 마커 걸기, 겉뜨기2, 마커 걸기, 겉뜨기1

코 늘리기의 단 1: kfb(떠내는 코 늘림), 마커 옮기기, 겉뜨기2, 마커 옮기기, [돌려뜨며 코늘리기(오른쪽), 다음 마커까지 겉뜨기, 돌려뜨며 코늘리기(왼쪽), 마커 옮기기, 겉뜨기2, 마커 옮기기], [~]를 2회 더 반복, kfb (8코 증가)

다음 단: 겉뜨기

코늘리기 단 2: 겉뜨기1, 돌려뜨며 코늘리기(왼쪽), 겉뜨기1, 돌려뜨며 코늘리기(왼쪽), 마커 옮기기, 겉뜨기2, 마커 옮기기, [돌려뜨며 코늘리기(오른쪽), 다음 마커까지 겉뜨기, 돌려뜨며 코늘리기(왼쪽), 마커 옮기기, 겉뜨기2, 마커 옮기기], [~]를 2회 더 반복, 돌려뜨며 코늘리기(오른쪽), 겉뜨기1, 돌려뜨며 코늘리기(오른쪽), 겉뜨기1 (10코 증가)

다음 단 (뒷면): 겉뜨기

코늘리기 단 3: 겉뜨기1, 돌려뜨며 코늘리기(왼쪽), [다음 마커까지 겉뜨기, 돌려뜨며 코늘리기(왼쪽), 마커 옮기기, 겉뜨기2, 마커 옮기기, 돌려뜨며 코늘리기(오른쪽)], [~]를 3회 더 반복, 마지막 1코가 남을 때까지 겉뜨기, 돌려뜨며 코늘리기(오른쪽), 겉뜨기1 (10코 증가)

다음 단: 겉뜨기

위의 2단을 0 (0, 2, 2)번 더 반복

이 시점에서 콧수는 앞판이 각 6(6, 10, 10)코, 소매는 좌우 모두 18 (16, 24, 28)코, 뒤판이 54 (58, 64, 70)코가 된다. 마커와 마커의 사이의 코는 제외한다.

다음 단 (코늘리기 단): [코늘리기 단 3]을 반복
다음 단: 겉뜨기
다음 단 (코늘리기 단): [코늘리기 단 3]을 반복
다음 3단: 겉뜨기

위의 6단을 6 (7, 8, 8)번 더 반복

이 시점에서 콧수는 앞판이 각 34 (38, 46, 46)코, 소매는 좌우 모두 46 (48, 60, 64)코, 뒤판이 82 (90, 100, 106)코가 된다. 마커와 마커의 사이의 코는 제외한다.

사이즈 XS와 S인 경우: 메리야스뜨기로 전환한다.
(겉면에서 겉뜨기, 뒷면에서 안뜨기)
다음 단 (코 늘리기 단): [코늘리기 단 3]을 반복
다음 단: 안뜨기
다음 단 (코 늘리기 단): [코늘리기 단 3]을 반복
다음 3단: 메리야스뜨기

배색실로 바꾼다.
다음 단 (코늘리기 단): [코늘리기 단 3]을 반복
다음 단: 안뜨기

사이즈 M과 L의 경우: 메리야스뜨기로 전환한다.
(겉면에서 겉뜨기, 뒷면에서 안뜨기)
앞 뒤 몸통부분에서만 코늘리기를 계속한다.

다음 단 (코늘리기 단): 겉뜨기1, 돌려뜨며 코늘리기(왼쪽), [다음 마커까지 겉뜨기, 돌려뜨며 코늘리기(왼쪽), 마커 옮기기, 겉뜨기2, 마커 옮기기, 다음 마커까지 겉뜨기, 마커 옮기기, 겉뜨기2, 마커 옮기기, 돌려뜨며 코늘리기(오른쪽)], [~]를 1회 더 반복, 마지막 코가 1코 남을 때까지 겉뜨기, 돌려뜨며 코늘리기(오른쪽), 겉뜨기1 (6코 증가)

다음 단: 안뜨기

위의 2단을 1 (4)회 반복
※M은 1회, L은 4회

배색실로 바꿔서, 다시 한 번 반복

몸통과 소매를 나눈다 (전 사이즈 공통):
이 시점에서 콧수는 좌우 앞판이 각 40 (44, 52, 58)코, 소매가 좌우 모두 52 (54, 60, 64)코, 뒤판이 88 (96, 106, 118)코가 된다. 마커와 마커 사이의 코는 제외한다.

다음 단 (겉면): 바탕색으로 바꾼다. 첫번째 마커까지 겉뜨기, 마커 제거, 겉뜨기1, 다음 54 (56, 62, 66)코를 별실 또는 풀림막음핀 (안전핀)에 옮긴다 (소매부분), 10 (12, 12, 14) 코만들기, 겉뜨기1, 마커 제거, 다음 마커까지 겉뜨기, 마커 제거, 겉뜨기1, 다음 54(56, 62, 66)코를 별실 또는 풀림막음핀 (안전핀)에 쉬게 한다(소매 부분), 10 (12, 12, 14) 코만들기, 겉뜨기1, 마커 제거, 단의 마지막까지 겉뜨기

다음 단 (뒷면): 안뜨기

준비 단: 겉뜨기46 (51, 59, 66)코, 마커 걸기, 겉뜨기100 (110, 120, 134)코, 마커 걸기, 단의 마지막까지 겉뜨기

Paulie

work 7 rows in st st, change to cc and work 2 rows.
stripes are worked 10 rows in mc, 2 rows in cc
work in st st for 5 cm
waistshaping:

dec row: k to 4 sts before first m, ssk, k to m, sm, k2, k2tog, k to 4 sts before next m, ssk, k to m, sm, k2, k2tog, k to end
(4 sts decreased)

work in st st for 5 cm rep dec row once more   184 (204, 230, 258) sts

work in st st for 8 cm

next row: k to 4 sts before first m, m1r, k to m, sm, k4, m1l, k to 4 sts before next m, m1r, k to m, sm, k4, m1l, k to end
(4 sts increased)

rep inc row every 12th row 4 times more   204 (224, 250, 278) sts

work in st st until piece measures 4 cm less than your desired length, continue working in mc and work next 20 rows in garter st. bo in pattern.

sleeves:

with mc pick up and k54 (56, 62, 66) sts from waste yarn or holder, pick up and k5 (6, 6, 7) sts from co edge, pm (for colourchanges), pick up and k5 (6, 6, 7) sts from co edge, join to work in rounds

keep working stripes as you did before: 10 rnds mc, 2 rnds cc. work in st st for 5 cm

dec round: sm, k2 sts, k2tog, k to 4 sts before m, ssk, k to m

rep dec round every 8 cm 3 times more.   56 (60, 66, 72) sts

work in st st until sleeve measures 35 cm
work next 20 rounds in garter st and bo all sts in pattern.

rep for second sleeve.

page 3

© grasflecken 2011. Pattern is for unlimited personal use. Please do not reproduce or sell this pattern, or items that are knitted from this pattern.
For any questions please contact isabell.kraemer72@web.de

다음 7단을 메리야스뜨기로 뜬 후, 배색실로 바꿔서 2단 뜬다.
줄무늬는 바탕색으로 10 단, 배색실로 2단씩 뜬다.
메리야스뜨기로 5cm 더 뜬다.

허리의 코늘리기와 줄이기:

코줄이기 단: 첫번째 마커 4코 전까지 겉뜨기, 오른코 겹쳐 2코 모아뜨기, 마커까지 겉뜨기, 마커 옮기기, 겉뜨기2, 왼쪽 겹쳐 2코 모아뜨기, 다음 마커 4코전까지 겉뜨기, 오른코 겹쳐 2코 모아뜨기, 마커까지 겉뜨기, 마커 옮기기, 겉뜨기2, 왼쪽 겹쳐 2코 모아뜨기, 단의 마지막까지 겉뜨기   (4코 감소)

메리야스뜨기로 5cm 더 뜨고 [코줄이기 단]을 한 번 더 뜬다.   184(204, 230, 258)코

메리야스뜨기로 8cm 더 뜬다.

다음 단: 첫번째 마커 4코 전까지 겉뜨기, 돌려뜨며 코늘리기(왼쪽), 마커까지 겉뜨기, 마커 옮기기, 겉뜨기4, 돌려뜨며 코늘리기(오른쪽), 다음 마커의 4코 전까지 겉뜨기, 돌려뜨며 코늘리기(왼쪽), 마커까지 겉뜨기, 마커 옮기기, 겉뜨기4, 돌려뜨며 코늘리기(오른쪽), 단의 마지막까지 겉뜨기   (4코 증가)

위의 코늘리기 단을 12단마다 4회 더 반복.   204(224, 250, 278)코

원하는 길이 4cm 전까지 계속 뜬다. 이어서 바탕색으로 가터뜨기를 20단 뜨고, 덮어씌우기를 한다.

소매:

별실이나 풀림막음핀 (안전핀)에 쉬고 있던 54(56, 62, 66)코를 바늘에 옮겨서 바탕색으로 겉뜨기, 코만들기 한 부분에서 5 (6, 6, 7)코 줍기, 마커 걸기(색 바꾸는 코 표시), 코만들기 한 부분에서 5(6, 6, 7)코 줍기, 원통뜨기를 시작

몸통 부분과 같게 줄무늬 모양을 넣는다: 바탕색 10 단, 배색 2단, 메리야스뜨기로 5cm 뜬다.

코줄이기 단: 마커 옮기기, 겉뜨기2, 왼코 겹쳐 2코 모아뜨기, 다음 마커 4코전까지 겉뜨기, 오른코 겹쳐 2코 모아뜨기, 마커까지 겉뜨기

코줄이기 단을 8cm 마다 3번 더 반복.   56(60, 66, 72)코

소매는 소매길이가 35cm가 될 때까지 메리야스뜨기로 뜬다. 이어서 가터뜨기로 20단 뜨고, 덮어씌우기를 한다.

다른 쪽 소매도 같은 요령으로 뜬다.

Paulie

collar and buttonbands:
with mc and right side facing, pick up and k sts from frontedges.
1 st per every garter ridge, 2 sts per 3 rows over stst part and every st from co edge

beginning at the bottom of the right front, continuing around the neck and ending at the bottom of the left front.

on next row(ws) place marker 12sts below the end of v-neck shaping on right front, k to 10 sts before end, pm, k10

count sts between markers and divide into 4 parts for buttonholes. equalize numbers
(by replacing the upper marker) if necessary.
on next row place markers for buttonholes. (5 markers on right front)

work 7 rows in garter st (ending on a ws row).
next row.:   k8, *k2tog, remove marker, yo, yo, ssk, k to 2 sts before next m, rep
               from * to 2 sts before last m, k2tog, remove marker, yo, yo, ssk,
               k to end
next row.:   *k all sts until you reach the yo, p the first yo, k the second yo,
               rep from * to end

work 5 rows in garter st (ending on a rs row).
on next row place markers at the end of v-neck on both front sides.

next row: k to second m, turn
next row: sl1, k to first m, turn
next row: sl1, k to 2 sts before last turn, turn
next row: sl1, k to 2 sts before last turn, turn

rep last 2 rows 6 times more

next row: sl1, k to 4 sts before last turn, turn
next row: sl1, k to 4 sts before last turn, turn

rep last 2 rows once more

next row: sl1, k to end
next row: k all sts

change to cc and start **i-cord bo**.
co 3 sts and place them in front of the first st of right front bottom on left needle.
start i-cord bo:
               *k2, k2tog tbl (the last st of i-cord with the first st of the front
               edge), tranfer i-cord sts back to left needle
               and rep from * throughout to end

finish i-cord bo:
slip 3 sts back to left needle, k1, k2tog tbl
slip 2 sts back to left needle, k2tog
pull thread through remaining st and secure.
weave in and secure all ends. block to measurements and sew on buttons.

© grasflecken 2011. Pattern is for unlimited personal use. Please do not reproduce or sell this pattern, or items that are knitted from this pattern.
For any questions please contact isabell.kraemer72@web.de

칼라와 앞여밈:
겉면에서 바탕색 실로 앞쪽 끝부터 코를 줍는다. 가터뜨기 1세트(2단)에서 1코, 메리야스뜨기 부분은 3단에서 2코의 비율로 줍고, 코만들기 부분에서는 모든 코를 줍는다.

오른쪽 앞의 밑 부분부터 줍기 시작해서, 칼라를 지나서 왼쪽 앞의 밑 부분까지 계속해서 줍는다.

다음 단(뒷면)에서는 오른쪽 앞여밈의 V네크(Y네크)의 종점부터 12코 아래에 마커를 걸고 단 마지막 10코 전까지 겉뜨기 하고, 마커를 걸고 10코 겉뜨기 한다.

마커와 마커 사이의 콧수를 세어서 단춧구멍을 만들기 위해서 4등분한다. 필요에 따라서 위쪽 마커의 위치를 조정하여 콧수를 4등분한다. 다음 단에서 단춧구멍 위치에 마커를 건다(오른쪽 앞여밈에는 마커가 5개 들어간다).

가터뜨기로 7단 뜬다 (마지막 단은 뒷면)
- **다음 단:** 겉뜨기8, [왼코 겹쳐 2코 모아뜨기, 마커 제거, 바늘비우기, 바늘비우기, 오른코 겹쳐 2코 모아뜨기], 다음 마커 2코 전까지 겉뜨기, 마지막 마커 2코 전까지 [~]를 반복, 왼코 겹쳐 2코 모아뜨기, 마커 제거, 바늘비우기, 바늘비우기, 오른코 겹쳐 2코 모아뜨기, 단의 마지막까지 겉뜨기
- **다음 단:** [바늘비우기까지 겉뜨기, 첫번째 바늘비우기는 안뜨기, 다음 바늘비우기는 겉뜨기], [~]을 반복하여 마지막까지 뜬다.

다음 5단을 가터뜨기로 뜬다(마지막 단은 겉면)
다음 단에서는 양앞여밈의 V네크(의 늘린 코)의 종점에 마커를 넣는다.

- **다음 단:** 두번째 마커까지 겉뜨기를 하고 뜨개바탕을 뒤집는다.
- **다음 단:** 걸러뜨기, 첫번째 마커까지 겉뜨기, 뜨개바탕을 뒤집는다.
- **다음 단:** 걸러뜨기, 앞의 단에서 뒤집기 2코 전까지 겉뜨기, 뜨개바탕을 뒤집는다.
- **다음 단:** 걸러뜨기, 앞의 단에서 뒤집기 2코 전까지 겉뜨기, 뜨개바탕을 뒤집는다.

위의 2단을 6회 반복

- **다음 단:** 걸러뜨기, 앞의 단에서 뒤집기 4코 전까지 겉뜨기, 뜨개바탕을 뒤집는다.
- **다음 단:** 걸러뜨기, 앞의 단에서 뒤집기 4코 전까지 겉뜨기, 뜨개바탕을 뒤집는다.

마지막 2단을 한 번 반복

- **다음 단:** 걸러뜨기, 단의 마지막까지 겉뜨기
- **다음 단:** 모든 코를 겉뜨기

배색실로 바꾸어 다음의 요령으로 i-cord bind off를 뜨기 시작한다.
3코를 만들어서 왼쪽 바늘에 걸려있는 오른쪽 앞판의 끝단의 코 앞에 둔다.

i-cord bind off 시작하기:
[겉뜨기2, 다음 2코(i-cord의 3번째 코와 앞여밈의 첫코)를 돌려뜨기로 한 번에 뜬다. i-cord의 3코를 왼쪽 바늘로 옮긴다], [~]를 단이 끝날 때까지 반복한다.

i-cord bind off 끝내기:
3코를 왼쪽 바늘로 옮기기, 겉뜨기1, 2코를 돌려뜨기로 모아뜨기
2코를 왼쪽 바늘로 옮기기, 왼코 겹쳐 2코 모아뜨기
실을 자르고 실 끝을 남은 코에 통과시켜 묶는다.
실을 정리한다. 블로킹하여 치수에 맞게 조정하고 단추를 단다.

Paulie

p48

abbreviations:

```
k        knit
p        purl
st st    stockinette stitch
st(s)    stitch(es)
mc       main colour
cc       contrast colour
rs       right side
ws       wrong side
m        marker
pm       place marker
sm       slip marker
rep      repeat
inc      increase
m1l      make 1 left (left leaning inc)
         pick up loop between sts from the front, k into backloop
m1r      make 1 right (right leaning inc)
         pick up loop between sts from the back, k into frontloop
dec      decrease
ssk      slip, slip, knit
k2tog    knit 2 sts together
tbl      through back loop
yo       yarn over
sl1      slip 1 st
```

page 5

© grasflecken 2011. Pattern is for unlimited personal use. Please do not reproduce or sell this pattern, or items that are knitted from this pattern.
For any questions please contact isabell.kraemer72@web.de

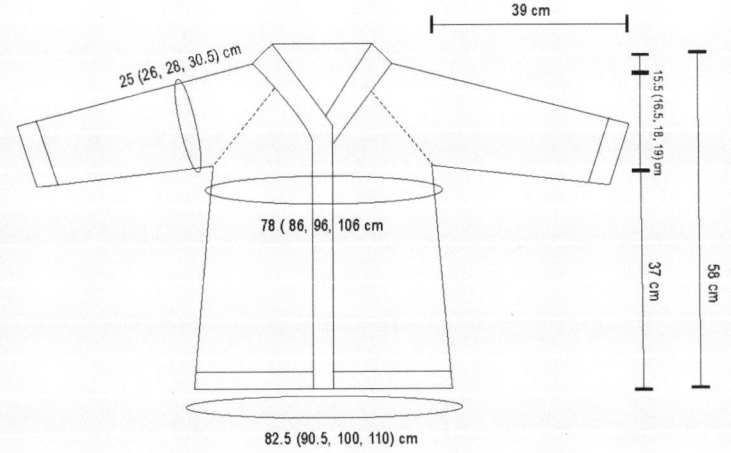

축약어 표 :

k	:	겉뜨기
p	:	안뜨기
st st	:	메리야스뜨기
st(s)	:	코
mc	:	바탕색
cc	:	배색
rs	:	뜨개바탕의 겉면
ws	:	뜨개바탕의 뒷면
m	:	마커
pm	:	마커 걸기
sm	:	마커 옮기기
rep	:	반복
inc	:	코늘리기
m1l	:	돌려뜨며 코늘리기(오른쪽)
		코와 코 사이의 실을 앞에서 주워 돌려 뜬다
m1r	:	돌려뜨며 코늘리기(왼쪽)
		코와 코 사이의 실을 뒤에서 주워 겉코를 뜬다
dec	:	코줄이기
ssk	:	오른코 겹쳐 2코 모아뜨기
k2tog	:	왼코 겹쳐 2코 모아뜨기
tbl	:	돌려뜨기
yo	:	바늘비우기
sl1	:	걸러뜨기

영문패턴의 기본 구성

필요한 재료 · 도구
⟨ Materials / Supplies / Materials needed ⟩

실이나 바늘, 단추나 마커 등 작품을 만들 때 필요한 재료 · 도구에 대한 설명이다.
Yarns(털실), Needles(뜨개바늘), Notions(그 외의 도구 = 단추, 돗바늘, 마커 등) 등 각각 별개 항목으로 쓰여있는 경우도 있지만, 앞에서 제시한 샘플 패턴(p26)같이 Materials로 한꺼번에 쓰여있는 경우도 있다.

털실 (yarn) 에 대해서

(샘플 패턴)
2 (3, 3, 4) skeins fortissima alpaka (420m/ 100g) or other fingering weight yarn (main colour)
1 skein trekking pro natura (420m/ 100g) or other fingering weight yarn (contrast colour)

(한국어 번역)
바탕실: fortissima alpaka(1볼의 실 길이는 420m, 무게는 100g) 또는 다른 종류의 합세~중세사, XS 사이즈의 경우 2볼(S와 M 사이즈는 3볼, L 사이즈는 4볼)
배색실: trekking pro natura(1볼의 실의 실이는 420m, 무게는 100g) 또는 다른 종류의 합세~중세사, 모든 사이즈 1볼

여기에는 패턴에 사용하는 털실의 이름, 실 번호나 색이름, 분량, 1볼의 무게, 실의 길이가 명시되어 있다. 시작부터 「2(3,3,4)」라는 생소한 표기가 있는데, 이것은 각 사이즈별로 사용하는 실의 양을 표기한 것이다.

사이즈별 표시에 관해서 참조 ▶ p45

실의 종류

샘플의 「fortissima alpaka」 부분이다. Schoeller + Stahl사의 Fortissima Alpaka라는 실이 지정되어져 있다. 그리고 「or other fingering weight yarn」 이라고 되어 있는 것은 합세~중세사 정도라면 대용할 수 있다는 뜻이다.

지정된 실 이외의 것을 고르는 방법 참조 ▶ p39
실의 굵기 대조표 참조 ▶ p79

무게와 길이

「(420m/ 100g)」의 부분이다. 이것은 Fortissima Alpaka가 무게 100g당 길이가 420m라는 것이다. 실의 길이와 무게는 대개 태그에 쓰여있고, 지정된 실 이외의 것을 사용할 때는 이것을 참고하여 선택한다.

지정된 실 이외의 것을 고르는 방법 참조 ▶ p39

무게는 기본적으로 그램(g) 표시이지만, 온스(ounce, oz)로 표시하는 경우도 있다. 1 ounce (oz) 는 28.3495g이다.
실의 길이는 미터(m)나 야드(yd)로 표시한다. 1 yard(yd)는 91.44cm이다.

Ball/Hank/Skein 의 차이

[2 (3,3,4) skeins]의 부분이다. 우리나라에서 팔고 있는 실은 대개 「볼」의 형태이지만 외국에서는 여러 가지 형태의 실이 판매되고 있다. 단위도 각각의 형태에 맞춰서 달라지는데 ball(볼), 타래는 hank(행크), 양쪽 다 쓸 수 있는 단위는 skein(스케인)이 있다.
가장 편리하고 자주 보이는 표현은 skein인데, 이것은 정확히 이야기하면 우리나라에서 일반적으로 판매하는 형태(타원형으로 실이 중심이나 바깥쪽 어느 쪽에서나 뽑아 쓸 수 있는 형태. 우리가 일반적으로 「볼」이라고 부르는 것)를 가리킨다. 같은 볼이라도 타원형이 아니고 약간 납작한 도넛 모양도 가끔 볼 수 있다. 이것은 donut(도넛)이라고 부른다.
우리나라에서도 실을 무게 단위로 판매하는 곳이 있다. 실을 잇지 않고 한 작품을 만들고 싶은 사람은 cone(콘)으로 구입하는 것도 가능하다. 실 종류 중에는 공장에서 콘 형태로 나오는 것도 있다. 실 감는 기계로 감은 후의 형태를 cake(케이크)라고 한다.

영문패턴의 기본 구성

| hank | skein | ball |
| donut | cake | cone |

실을 타래(hank)로 구입하는 경우에는 사용하기 전에 반드시 볼(이 경우에는 cake 모양이 된다)로 감아서 쓴다. swift(스위프트)와 ball winder(실 감는 기계)를 안 가지고 있는 경우에는 가게에서 감아달라고 하면 된다. 손으로 감으려면 상당한 시간과 노력이 필요하다.

색

우리나라에서는 색을 숫자(색 번호)로 나타내는 경우가 많지만, 외국에서는 색번호와 함께 색이름이 같이 쓰여있는 경우가 많다.

Tomato red, Wasabi, Cherry같이 음식 이름으로 붙이는 경우도 있고 Tuscany(토스카나), Honolulu(호놀룰루)같이 지명에서 따오는 경우도 있다. rain water(빗물), worn denim(낡은 청바지) 등과 같이 일상생활에서 연상되는 단어 등 이름을 붙이는 방법은 다양하다. 색의 이미지를 떠올리기 쉬운 이름이 많으므로, 색이름을 보고 상상하는 것도 즐겁다.

Paulie같이 실의 종류만 지정하고「색은 마음대로」라고 하는 경우도 많다. 영문패턴의 자유로움을 느낄 수 있는 부분이다.

Tips 지정된 실 이외의 것을 고르는 방법

Paulie의 지정된 실 「Fortissima Alpaka」는 우리나라에서는 구입하기 어렵다(2017년 현재). 이 실뿐만 아니라 영문패턴을 뜰 때 지정된 실을 그대로 사용하기 어려운 경우가 많다. 우리나라에서는 이러한 실을 취급하지 않거나, 실이 이미 생산 중지된 경우가 많기 때문이다. 그래서 대체할 실을 찾아야 하는 경우가 생기는데, 어떻게 하면 딱 맞는 실을 선택할 수 있을까? 샘플 패턴의 경우로 생각해 보자.

「Fingering weight yarn」이라고 쓰여 있는 것을 참고해서 합세~중세사를 찾아도 좋지만, 이것도 애매한 표현이므로 보다 정확하게 찾으려면 게이지를 기준으로 하면 좋다.
gauge부분을 보면 「메리야스뜨기로 26코, 38단」이라고 되어 있으므로 털실의 태그를 보고 기준 게이지가 「26코, 38단」에 가까운 실을 찾는 것이 지름길이다.

그리고 또 한가지 힌트는 실 무게와 길이의 관계이다.
Paulie에서는 「420m/ 100g」을 보고 무게에 대한 길이가 같거나 비슷한 것을 찾으면 된다.

본래는 방적에서 쓰이는 「WPI(warps per inch)」라는 용어도 있다(다음 페이지 참조). 이것도 대용할 실을 찾을 때 기준이 된다.

Tips WPI(wraps per inch)를 활용하자

우리나라에서는 「극세」, 「합세」, 「중세」, 「합태」, 「병태」, 「극태」, 「초극태」라는 단어로 실의 굵기를 표현하지만, 이것도 엄밀한 정의는 아니다. 메이커 사이에 통일된 기준이 설정되어 있지 않다.

영문패턴을 보아도 미국에서는 sport weight, worsted, bulky 등의 표현이, 영국에서는 double knitting, aran, chunky 등의 표현이 있고, 이런 것들과는 별개로 ply(몇 줄 꼬기)라는 표현도 있어서 혼란스럽다.

앞 페이지에서 설명한 것과 같이 굵기를 나타내는 단어를 참고로 하면서 게이지나 무게와 길이를 기준으로 하면 보다 정확하다.

실 굵기 대조표
 p79

그리고, WPI(warps per inch) 즉 「1인치당 감은 수」라는 방법도 있다.
WPI를 재는 방법은 간단하다. 먼저 표면이 평평한 연필 등 막대에 털실을 감는다(즉, wrap 한다). 그리고 1인치(약 2.5cm)를 몇 번에 감았는지 세어보면 된다.

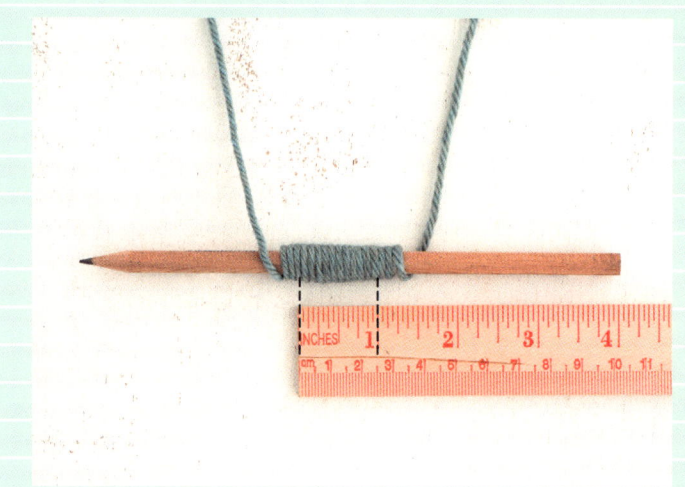

여기서 주의해야 할 점은 실을 감을 때 세게 잡아당기면서 하지 않는 것이다. 잡아당기면서 하면 실이 늘어나서 가늘어지고 그만큼 많이 감게 되기 때문이다. 또 실이 겹치지 않도록 자연스럽게 감는 것이 포인트이다.

잴 때마다 다른 경우에는 여러 번 감아보고 그 평균값을 사용하는 것이 좋다.

WPI는 본래 실을 방적할 때 실의 굵기를 측정하는 방법이다. 외국에는 WPI tool이라는 편리한 전용 도구도 있다.
정식적인 척도로 실의 태그에 기재되어 있는 것은 아니지만, 태그를 잃어버린 실의 굵기를 확인하고 싶을 때나 실을 겹쳐서 2줄로 이용할 때 굵기를 확인할 수 있는 편리한 방법이다.

영문패턴의 기본 구성

바늘(Needles)에 대하여

(샘플패턴)
US 2 ½ (3.0mm) circulars and dpns
(한국어 번역)
3호 줄바늘과 3호 장갑바늘 4개(또는 5개)

뜨개바늘에 대해서는 Paulie같이 Materials에 기재되어 있는 경우도 있고 Needles로 따로 항목을 만들어서 쓰여있는 경우도 있다. Needles라는 단어가 없어도 circular나 dpns, spn, 코바늘의 경우에는 crochet hook 또는 hook 등의 단어가 나오면 뜨개바늘에 대한 것이다.

바늘의 호수
한국(KR), 일본(JP), 미국(US), 영국(UK)에서 쓰이는 호수는 굵기가 다르다. 호수로 판단하는 것은 어려우므로 반드시 몇 ㎜의 바늘인지를 대응표에서 확인하도록 한다. 샘플 패턴에 있는 US2½(미국의 2.5호 바늘)은 우리나라의 3㎜ 바늘, 일본의 3호 바늘과 같다.

바늘 굵기 대조표 참조 p80,81

> **Tips** 딱 맞는 바늘이 없을 때
>
> US나 UK의 호수와 같은 굵기의 바늘이 우리나라에서는 구할 수 없는 경우도 있다. 예를 들면 **US 3**은 **3.25㎜**이기 때문에 3㎜와 3.5㎜의 사이가 된다. 이런 때는 자신의 손힘 등을 고려하여 비슷한 굵기의 바늘, 또는 비슷한 게이지가 나오는 바늘을 선택한다.

바늘의 종류
우리나라에서는 왕복뜨기는 2개짜리 바늘, 원통뜨기는 4개짜리 장갑바늘이나 줄바늘을 사용하는 경우가 많다. 영문패턴에서 왕복뜨기라도 콧수가 많아지면 줄바늘을 사용하는 경우가 많다.
익숙하지 않으면 어렵게 느껴질 수도 있지만 사실은 줄바늘로 하는 왕복뜨기는 익숙해지면 정말로 편하다. 특히 뜨개바탕의 크기가 커지게 되면 무게가 한쪽으로 치우쳐서 불편하지만 줄바늘을 사용하면 분산되어 편하다.

줄바늘의 활용법에 대해서 참조 p112

straight needles	스트레이트 대바늘
double pointed needles (dpn)	양쪽이 뾰족한 4개나 5개짜리 장갑바늘
single pointed needles (spn)	뒤가 막힌 바늘
circular needles	줄바늘

그 외의 도구(Notions/Accessories)에 대하여

(샘플 패턴)
5 buttons, tapestry needle, markers, scrap yarn or holders
(한국어 번역)
단추 5개, 돗바늘, 마커(콧수 링), 별실 또는 풀림막음핀(안전핀)

패턴에서 사용하는 실이나 바늘 이외의 도구가 쓰여있다. 마커, 돗바늘, 별실 등 필요한 것을 준비해 두면 좋다. 주로 사용하는 것은 다음과 같은 도구이다.

마커 사용법 참조 p104

marker (m)	마커(콧수 링)
removable marker	탈착이 가능한 마커(단수 마커)
safety pin	안전핀
tapestry needle	돗바늘
cable needle (cn)	꽈배기뜨기바늘
stitch holder	풀림막음핀
scrap yarn, waste yarn	별실

영문패턴의 기본 구성

게이지
⟨ Gauge / Tension ⟩

(샘플패턴)
26 sts x 38 rows = 10 cm x 10 cm in st st

(한국어 번역)
메리야스뜨기로 가로 세로 10센티 = 26코 x 38단

기본은 「몇 코, 몇 단」

우리나라에서는 게이지를 「26코 38단, 10×10cm」라고 표기한다.
영어로는 「XX코, YY단」은 「XX sts and YY rows 또는 rnds」라고 표기한다. Paulie와 같이 10cm x 10cm 인 경우도 있고 4 inch x 4 inch라고 인치로 쓰여 있는 경우도 있다. 4인치는 10.16cm 이기 때문에 10cm 사방과 거의 같다고 생각해도 된다. 또 「per inch」라고 1인치(약 2.5cm)당 단수, 콧수를 표기하는 패턴도 있다.
「in ~」은 「~뜨기로」, 즉 게이지를 만들 때의 뜨는 법도 표기되어 있다. In St st (in stockinette stitch)라면 「메리야스뜨기로」, in garter st라면 「가터뜨기로」가 된다.
in Kl, Pl ribbing이면 「1코 고무뜨기로」가 된다. 또 그 패턴에 무늬뜨기가 있는 경우에는 in stitch pattern 등으로 쓰여있다.

같은 「단」이라도 왕복뜨기와 원통뜨기에서는 표기법이 다르다

「단」은 왕복뜨기의 경우에는 row로 표기하고, 원통뜨기를 할 때는 row 대신에 rounds (rnds), 즉 1바퀴, 2바퀴라는 식으로 표현한다. 영문패턴에서만 그런 것은 아니지만, 왕복뜨기와 원통뜨기의 경우에는 같은 실을 같은 호수의 바늘로 떠도 완성된 크기가 달라지는 경우가 있으므로, 여유가 있다면 각각의 게이지를 재어 놓는 것이 좋다.

사이즈
⟨ Size / Sizing / Finished Size / Finished Measurements / Knitted Measurements ⟩

(샘플패턴)
sizes: XS (S, M, L)
finished bust circumference: 78 (86, 96, 106) cm

(한국어 번역)
사이즈 : XS (S,M,L)
완성된 가슴 둘레 치수 : 78 (86, 96, 106) cm

영문패턴은 사이즈가 다양하다
우리나라의 뜨개도안에는 M사이즈와 L사이즈만 표기하는 것이 보통이고 한가지 사이즈인 경우도 있다. 하지만, 영문패턴에서는 평균적으로 5가지 사이즈가 제공된다. 더 여러 가지의 사이즈가 있는 경우도 더러 보인다. **Paulie**의 경우에는 XS, S, M, L의 4가지 사이즈가 있다.

사이즈 배열법, 표시법
사이즈는 XS (S, M, L)의 순서로 배열되어 있고, 보통은 왼쪽 끝의 괄호 밖의 숫자가 가장 작은 사이즈이다. 작은 사이즈부터 순서대로 사이즈는 커진다. 샘플의 경우에는 왼쪽 끝이 XS로 가슴둘레 완성 치수가 78cm, S는 86cm, M은 96cm, L은 106cm이다. 이 사이즈 표기의 순서는 패턴 전체에서 공통이다. 예를 들면, Materials에서 「materials: 2 (3, 3, 4) skeins」이라고 표기 되어 있는데, 이것은 XS 사이즈에서 2볼, S 사이즈는 3볼, M 사이즈는 3볼, L 사이즈는 4볼이 필요하다는 의미이다. 사이즈 별로 필요한 실의 양, 콧수나 치수 등이 필요한 경우는 이 형식으로 쓰여있다고 이해하면 된다.

영문패턴의 기본 구성

완성 사이즈

웃옷의 경우에는 가슴둘레 치수를 기준으로 표시되어 있는 경우가 많다.
Paulie에서도 각각의 사이즈의 완성된 가슴둘레 치수가 표기되어 있다.

사이즈 결정에 대하여 참조 p50

패턴 해설 · 디자이너 코멘트
〈 Pattern Notes / Notes 〉

(샘플패턴)
Paulie is worked seamless topdown, the upper part,
buttonband, collar and bottoms are worked in garter stitch,
main part is worked in st st.

(한국어 번역)
Paulie는 솔기 없이 위에서 아래로 떠나가고, 상부, 앞여밈, 칼라, 밑단은 가터뜨기,
본체의 중심 부분은 메리야스뜨기로 한다.

작품에 대한 간단한 해설이나 디자이너의 코멘트 등이 쓰여있다.
우리나라의 뜨개도안이라면 모양이나 완성된 형태를 직접 눈으로 도안에서 확인할 수 있지만 영문패턴에서는 전체 완성된 모양을 알기 어려우므로 이 부분에서 설명한다. top down(위에서 밑으로 뜬다), bottom up(밑에서 위로 뜬다), seamless(솔기 없음) 같은 특징과 특수한 기법을 사용하는 경우 등에도 이 부분에 쓰여있다.

그리고 디자인의 발상, 컨셉트 등 우리나라의 손뜨개 책에서는 보기 드문 정보가 곁들여져 있는 경우도 있다. 패턴에 따라서는 이런 부분 없이 바로 뜨는 법에 대한 설명이 시작되는 경우도 있다.

패턴 테크닉과 축약어 해설
⟨ Stitch Patterns / Stitch Guide / Stitch Glossary ⟩

기본 뜨는 법 해설

(샘플패턴)
st st (worked flat): k on rs, p on ws
st st (worked in rounds): k all sts
garter st (worked flat): k on rs and ws
garter st (worked in rounds): rnd 1: k all sts
　　　　　　　　　　　　　　rnd 2: p all sts

(한국어 번역)
메리야스뜨기 (평뜨기): 겉면에서는 겉뜨기, 안쪽에서는 안뜨기
메리야스뜨기 (원통뜨기): 전부 겉뜨기
가터뜨기 (평뜨기): 겉면, 뒷면 모두 겉뜨기
가터뜨기 (원통뜨기): 홀수단에서는 겉뜨기, 짝수단에서는 안뜨기

친절한 패턴은 메리야스뜨기(st st)나 가터뜨기(garter st)와 같은 기본적인 테크닉에 대해서도 설명한다. **Paulie**의 경우 메리야스뜨기와 가터뜨기 각각에 대해서 왕복뜨기와 원통뜨기일 때의 뜨는 법이 설명되어 있다.

무늬뜨기 해설, 뜨개도안

(샘플패턴)
Colourchanges for stripes:10 rows mc, 2 rows cc
(한국어 번역)
줄무늬 색 바꾸는 법: 바탕색실 10단마다 배색실을 2단

패턴에서 사용하는 무늬뜨기에 관해서는 뜨기 전에 별도로 자세한 설명이나 그림 = chart(우리나라식 몇 코 몇 단의 모양)가 있는 것이 많다. Pattern Description / colour changes / stitches used / chart 등으로 표기한다.

그리고, Paulie의 줄무늬와 같이 배색이 규칙적인 경우도 이 부분에서 표기한다. 패턴이 복잡한 경우에는 작품의 전체 그림이나 전개도가 제시된 경우도 있다. Paulie에는 마지막에 전체 치수 그림이 있다.

축약어 표(Abbreviations)

(샘플패턴)	(한국어 번역)
abbreviations	축약어표
k knit	k : 겉뜨기
p purl	p : 안뜨기
st st stockinette stitch	st st : 메리야스뜨기
st(s) stitch(es)	st(s) : 코
……	……

패턴에서 사용하는 축약어 표이다.
Paulie에서는 패턴의 마지막 페이지에 쓰여있다. 우리나라 손뜨개 책의 마지막 부분에 있는 뜨개기호 인덱스 같은 것이다. 이 책의 용어집에도 대부분을 설명해 놓았지만, 영문패턴에도 축약어의 사용법이 정리되어 있어서 필요할 때 바로 참고하면 편리하다.

뜨는 법
⟨ Instructions / Directions ⟩

(샘플패턴)
Co 82 (82, 92, 106) sts in maincolour (fortissima alpaka)
setup row(ws): k1, pm, k2, pm…

(한국어 번역)
바탕색(fortissima alpaka)으로 82코(82, 92, 106코)를 만든다.
준비 단(안쪽) : 겉뜨기 1, 마커 걸기, 겉뜨기 2, 마커 걸기…

실제로 뜨는 방법이 쓰여있는 부분이다. 처음에 나오는 「CO 82 sts」=「기본코를 82코 잡는다」라는 부분부터 당황할 수도 있다. 우리나라 뜨개도안이라면 「대바늘로 일반코잡기를 한다」와 같이 코만들기의 방법이 지정된 경우가 많지만, 영문패턴에서는 지정되지 않은 경우가 많다.
이런 경우에는 자신이 선호하는 방법이나 가장 적합하다고 생각하는 방법으로 코만들기를 하면 된다. 일반적으로 사용하는 것은 「손가락으로 만드는 일반코잡기」이다. 작품에 따라서는 디자인, 기능성 등의 이유로 코만들기 방법을 지정하는 경우도 있으므로 그런 때에는 지정된 방법을 따르는 것이 좋다.

여러 가지 코 만드는 방법 참조 ▶ p94

코만들기를 한 후에는 패턴의 설명을 따라서 뜨면 된다.

Paulie의 경우에는 :
set up row (ws)   준비 단 (뒷면)
inc row   코늘리기 단
next row (ws)   다음 단 (뒷면)
뜨는 단에 관한 정보도 제공해 준다.

패턴 전체에서 사이즈 별로 기재되어 있는 숫자 중 어느 숫자를 사용하는지(몇 번째 숫자인지), 형광펜으로 표시해 놓는 것이 좋다. 이렇게 하면 뜨고 있는 도중에 틀리거나 혼란스러움을 방지할 수 있다.

Tips 사이즈 결정

영문패턴에는 여러 가지 사이즈가 준비되어 있어서 어느 것을 뜨면 좋을지 결정하기 어려운 경우가 있다. 자신에게 맞는 사이즈를 결정하는 방법을 소개한다.

1) 자신의 치수를 알아 둔다
Finished size 부분을 참고해서 이 작품을 입는다면 어느 정도의 크기로 완성하고 싶은가를 생각해서 대충 치수를 정해 두면 된다. 옷 만들기에 익숙한 사람이라면 「겨울 스웨터라면 가슴둘레 완성 치수가 ○cm 정도」라고 대충 예상이 될 것이다. 자신의 치수를 잘 모를 경우에는 평소에 입었을 때 편하고 잘 어울리는 옷의 사이즈를 측정하여 참고하도록 한다.

2) 자신의 게이지를 낸다
귀찮아도 게이지를 재어 놓는 것이 성공의 지름길이다. 이것은 영문패턴에서도 한국식 뜨개도안에서도 마찬가지다. 내 게이지가 패턴과 같은 숫자가 나오면 가장 알기 쉽지만, 게이지가 다른 경우에는 다음에 설명하는 「콧수 게이지가 다른 경우」를 참고하면 된다. 바늘의 호수(굵기)를 기준으로 해서 그 바늘호수와 다르더라도 콧수 게이지를 내는 것을 우선으로 생각하면 된다.

콧수 게이지가 다른 경우
예를 들어, 게이지가 10cm 26코로 지정되어 있지만, 자신의 게이지가 23코라고 하자. 그러면, 패턴에서 가슴둘레 콧수가 되는 숫자를 기준으로 계산하면 된다.

샘플패턴의 경우 3번째 페이지(p29)에 「**204 (224, 250, 278)**」라고 표기 되어 있다.

이 숫자가 가슴둘레 완성 치수인 것을 확인하기 위해서는 204를 본래의 콧수 게이지 26코로 나눈다. 그리고 26코는 10cm에 해당하기 때문에 10을 곱한다.

204코 ÷ 26코 = 7.8   7.8 x 10 = 78cm
→ **XS** 사이즈의 가슴둘레 완성 치수로 기재되어 있는 숫자와 일치한다(p27).
이 값이 가슴둘레 치수인 것을 확인했으면, 이제 자신의 게이지(여기서는 23코)로 계산해 본다.

XS의 경우	204÷23 = 8.8	8.8×10cm = 88cm	사이즈 A
S의 경우	224÷23 = 9.7	9.7×10cm = 97cm	사이즈 B
M의 경우	250÷23 = 10.8	10.8×10cm = 108cm	사이즈 C
L의 경우	278÷23 = 12	12×10cm = 120cm	사이즈 D

계산해서 나온 값이 자신의 게이지로 작품을 완성했을 때의 가슴둘레 치수이므로 자신에 맞는 사이즈를 골라서 사용한다. 이렇게 되면「사이즈 XS, S, M, L」이라고 말하는 것은 의미가 없다. 따라서 XS, S, M, L이 아니고 **사이즈 A, B, C, D** 정도로 구분하도록 한다.

「반복」 표현

같은 단에서 같은 작업이 반복될 때 아무리 영문패턴이라고 해도 문자로 전부 나열되어 있으면 읽기 어렵다고 느껴질 것이다. 이런 경우 사용하는 것이 「반복」 표현이다.
Paulie 2번째 페이지(p28)의 4번째 줄을 예로 들어 살펴보면,

Inc row 1: kfb, sm, k2, sm, *m1l, k to next m, m1r, sm, k2, sm, rep from * twice, kfb

문장 속에 「*」(별표)가 나온다. 이 「*」 와 「rep」 사이에 있는 부분이 반복되는 부분이다. 이 패턴처럼 rep(repeat)의 직전까지를 반복하는 경우가 많다.

여러 가지 반복 표현 참조 ▶ p106

사이즈별 반복 표현법
Paulie에 Rep last 2 row 0 (0, 2, 2) time(s) more라는 지시가 있다. 「*」가 없지만 이것은 어떤 반복을 표현하고 있는 것일까?
last 2 rows는 그 직전에 쓰여 있는 2단을 의미한다. 0 (0, 2, 2)는 순서대로 XS (S, M, L)이다. 이것은 「마지막 2단과 같은 방법으로 0번 (0번, 2번, 2번) 반복」하라는 지시이다. 즉, 이하와 같다.
- XS와 S 사이즈는 0번 = 반복할 필요가 없다.
- M과 L 사이즈 = 2번 반복하여 총 3회 뜨는 것이다.

이렇게 어느 사이즈(또는 사이즈의 수치를 사용하여)를 뜨느냐에 따라서 사용하는 숫자가 다를 뿐만 아니라 사이즈에 따라서는 반복을 할 필요가 없는 경우도 있다.

덧붙이면, 반복 횟수를 표현하는 경우에는 more가 사용된다. 이것은 반복을 강조하기 위해서 「이제부터 몇 번」이라고 하는 것 즉, 이미 뜬 1회에 더해서 몇 번이라고 하는 표현이 된다.

그리고 이 샘플 패턴에서는 중요한 단의 마지막에 「You should have…」 (…코있을 것이다)라고 콧수 확인을 하고 있다. 패턴에 따라서 표기 방법이 다르기도 하지만 확인이 필요한 포인트에서 제대로 확인하면 안심이 된다.

사이즈별 지시

샘플 패턴의 「Only sizes XS and S」라고 쓰여있는 부분은 XS와 S사이즈 만을 위한 표시 사항이다.

그 이외의 사이즈(이 경우에는 M과 L)에 대해서는 「Only sizes M and L」과 같이 그다음에 다른 지시가 있을 것이다.

이런 때는 해당하는 사이즈의 내용만 읽고 뜨면 된다.

사이즈별 지시 부분이 끝나면 「All sizes」라고 쓰여있는 부분부터 모든 사이즈를 대상으로 한 내용이 나온다.

데이터편

용어집(대바늘뜨기)	p56 ~ p73
용어집(코바늘뜨기)	p74 ~ p78
여러 가지 대조표	p79 ~ p83
알아두면 좋은 표현과 뜨는 법	p84 ~ p102

acr ~ blo 용어집(대바늘뜨기)

A
B

across		~에 걸쳐, ~의 전체에 걸쳐 예 knit across to end of row = 단의 마지막까지 겉뜨기 한다
allover		전체에 무늬가 있는
alt	alternate, altenately	교대로, 한번씩 건너 뛰어서
approx	approximately	약, 대략
armhole shaping		진동둘레의 코줄이기
back stitch seam		박음질 꿰매기　　　　　　　　참조 p101
backward loop cast on		감아 코늘리기
ball		실 볼
ball winder		실 감기, 실 와인더
bar		코와 코 사이에 가로로 지나는 실, 싱커 루프(sinker loop)
bar increase		2코 떠내는 코늘리기. 겉뜨기를 하고 나서 왼쪽 바늘에 있는 코를 빼지 않고 코 뒤쪽에도 바늘을 넣어서 겉뜨기를 한다. 동 kfb　　　　참조 p84
beg	begin, beginning, begins	시작, 뜨기 시작, 시작하다
bet	between	사이
bl	back loop	바늘에 걸려있는 코의 뒤쪽 예 k tbl (knit through back loop) = 돌려 뜬다
	back loop 그림	
block		블로킹 하는 것 예 block to measurement = 블로킹해서 치수를 잰다
blocking		블로킹. 완성된 작품을 물에 적시거나 스팀다림질을 해서 모양을 잡고 치수를 재는 마무리 공정 　　　　　　　　　　　　　참조 p115

용어집(대바늘뜨기) BO~CO

BO	bind off	코마무리 [동] cast off [UK] [예] bind off in pattern = 무늬에 맞춰서 겉코와 안코를 구별하여 코를 막는다. [참조] p97
bor	beginning of row/round	단의 시작
bottom up		밑단부터 위를 향해서 뜬다. 아래에서 위로 뜬다.
bound off		코를 막았다 (bind off의 과거형) [예] bound off sts = 마무리한 코
cab	cable(s)	교차뜨기, 꽈배기뜨기 [참조] p109
cable cast on		뜨는 중간에 할 수 있는 코만들기 ※왼쪽 바늘의 첫번째 코와 2번째 코의 사이에서 실을 꺼내서 꼬아서 바늘 끝에 거는 방법 [참조] p96
chained provisional cast on		코바늘을 이용해서 별실로 코만들기 [동] provisional crochet cast on [참조] p95
CC	contrasting color	배색
cdd	center double decrease	↑ 중심 3코 모아뜨기 [동] S2KP / s2kpo / S2togkpo ※뜨는 순서가 아님. 떠진 모양을 표현한 것
center stitch		중심코
chart		뜨개도안, 도표
circ(s)		줄바늘 [동] circular needle(s)
circular knitting		원통뜨기 [동] knitting in the round
circumference		둘레 [예] bust circumference = 가슴둘레
clockwise		시계방향으로 [반] counter clockwise
cm	centimeter(s)	센티미터
cn	cable needle	꽈배기뜨기 바늘
CO	cast on	코만들기, 기본코 만들기 [참조] p94

CO ~ dra 용어집(대바늘뜨기)

CO [UK]	cast off	코막기, 코마무리　[동] bind off	참조 ▶ p97
cont	continue(s), continuing	계속해서, 계속한다	
Continental knitting		프랑스식 뜨개방법 [동] German knitting, lefthand knitting	참조 ▶ p116
counter clockwise		시계 반대 방향으로　[반] clockwise	
crocheted cast on / crochet chain cast on		코바늘로 대바늘에 만드는 코만들기	참조 ▶ p95
darning needle		돗바늘　[동] tapestry needle	
desired length		원하는 길이	
dec(s)	decrease(s)	코줄이기	
dec('d)	decrease, decreasing, decreased	줄이다, 줄였다	
dbl dec	double decrease	3코 모아뜨기	
diameter		지름	
direction		방향	
directions		지시	
double left-slanting decrease		↗ 오른코 중심 3코 모아뜨기　[동] sssk ※뜨는 순서가 아님. 떠진 모양을 표현한 것	
double right-slanting decrease		↖ 왼코 중심 3코 모아뜨기　[동] k3tog ※뜨는 순서가 아님. 떠진 모양을 표현한 것	
double vertical decrease		↑ 중심 3코 모아뜨기 　　　　　　[동] ccd / S2KP / s2kpo / S2togkpo ※뜨는 순서가 아님. 떠진 모양을 표현한 것	
double yarn over		○○ 바늘 비우기를 연속 2번 한다 　　　[동] yarn over twice / yo2	
dpn(s)	double pointed needle(s)	양쪽 끝이 뾰족한 (끝이 막혀있지 않은) 바늘, 4개나 5개짜리 장갑바늘	
drape		드레이프, 느슨한 주름으로 드리운 것	

용어집(대바늘뜨기) *dra ~ fac*

drapey		주름진 느낌의, 여유있는
drop		(바늘에서 코를) 빼다 예 drop one stitch = 코를 한코 빼다
double yarn		실을 한꺼번에 2줄 잡고 동 2 strands of yarn held together
duplicate stitch		메리야스자수
ease		느슨함
elasticity		신축성
end(s)		실끝 예 weave in ends = 실끝을 정리하다
English knitting		미국식 뜨개방법 동 righthand knitting 참조 ▶ p116
elongated stitch		드라이브뜨기를 하거나 코와 코 사이에 바늘비우기를 하고 다음 단에서 바늘비우기 한 코를 빼서 코를 길게 만드는 뜨개 코
Entrelac		바구니무늬 뜨기
eor	end of row, end of round	단 마지막
eor	every other row	한 단 걸러서
est	established	이미 만들어져 있는 (앞에서 뜬 단까지의 무늬들을 가리킨다) 예 work as established pattern = 지금까지 뜬 무늬대로 뜬다
evenly		균등하게
every		전부의
every other~		하나 걸러 예 everyother row = 한단 걸러서
eyelet		바늘비우기와 2코 모아뜨기로 만들어지는 구멍
face		마주보다 예 knit the knit stitches and purl the purl stitches as they face you = 이전 단에서 뜬 코 그대로, 겉코는 겉뜨기로 안코는 안뜨기로 뜬다.

fac ~ han 용어집(대바늘뜨기)

facing		향하게 하고, 마주보고 예 with RS facing = 겉면을 위로 향하게 하고
facing		안단
Fair Isle knitting		본래 셰틀랜드(스코틀랜드 동북쪽)의 페어섬에서 짜는 한단에 2색이 들어가는 전통적인 기법을 가리키지만, 가로로 실을 넘겨서 뜨는 무늬뜨기 전반을 가리키는 단어로 사용하는 경우가 많다. ※stranded knitting 의 동의어로 사용하는 경우가 많다.
fasten off		실을 매듭짓다.
finishing		끝손질
fl	front loop(s)	바늘에 걸려있는 코의 앞쪽　　　　　반 bl
		front loop
flat		평평한　　　　예 work flat = 평뜨기를 한다
float(s)		(fair isle knitting 뒷면의) 가로실
foll	follow(s), following	~처럼　　　　예 as foll = 다음처럼
foll	following~	그다음에~
gauge		게이지　　　　동 tension UK
g	gram(s)	그램
grafting		바늘에 걸려있는 코와 코를 이어 붙이는 것을 전반적으로 가리킨다. 메리야스 잇기, 가터 잇기 등의 총칭 참조 p100
g st	garter stitch	가터뜨기
gusset		거싯 (양말, 벙어리 장갑, 가방 등의 튼튼하게 하기 위해 삼각형으로 덧댄 부분)
hank		(털실) 타래　　　　참조 p37

용어집(대바늘뜨기) *hea~k / K*

heathered yarn		멜란지 실처럼 다른 색의 실을 2가닥 이상 합친 실	
holder		풀림막음핀	동 stitch holder
i-cord		아이코드. 끝이 막혀있지 않은 바늘로 3~5코 겉뜨기를 한 다음 뒤집지 않고 바늘 오른쪽으로 밀어서 다음 단을 뜨는 것을 반복하면서 뜨는 끈 참조 p91	
in	inch	1인치 (= 2.54cm)	
inc(s)	increase(s)	코늘리기	
inc('d)	increase, increasing, increased	늘리다. 늘렸다	
incl	including, inclusive	~을 포함하다	
inside out		안을 밖으로 뒤집어서	
inst	instructions	지시	
Intarsia		실을 세로로 넘겨서 뜨는 무늬뜨기 반 stranded knitting / Fair Isle knitting / picture knitting / color blocks	
interchangeables		바늘을 바꿀 수 있는 줄바늘 동 interchangeable circular needles	
interchangeable circular needles		바늘을 바꿀 수 있는 줄바늘	
jog		울퉁불퉁하고 매끄럽지 못한 것 (원통뜨기에서 색상을 바꿨을 때 생기는 단차를 가리키는 경우가 많다.)	
jogless		울퉁불퉁하지 않고 균일하게 매끄러운 상태 (원통뜨기에서 색상을 바꿨을 때 단차가 생기지 않도록 하는 것) ※색상을 바꿀 때 첫번째 단은 그대로 뜨고, 2번째 단일 때 첫번째 코를 걸러뜨기하는 방법 등이 있다.	
join		잇다	예 join yarn = 실을 잇다
k / K	knit	┃ 겉코 겉뜨기, 겉뜨기를 하다	

k1 ~ k2t 용어집(대바늘뜨기)

k1, p1 ribbing		한코 고무뜨기	동 1x1 ribbing
	knit 1, purl 1 ribbing		
k1b / k1-b / k-b		아랫단 코에 바늘을 넣어서 겉뜨기 한다.	
	knit one stitch in row below		
k1 wrapping yarn twice around needle		2번 감아서 드라이브 뜨기 다음 단에서 감은 실을 풀면서 뜬다.	
	knit 1 stitch wrapping yarn twice around needle		
k1 wrapping yarn around needle three times		3번 감아서 드라이브 뜨기 다음 단에서 감은 실을 풀면서 뜬다.	
	knit 1 stitch wrapping yarn around needle three times		
k2, p2 ribbing		2코 고무뜨기	동 2x2 ribbing
k2tog	knit 2 stitches together	왼코 겹쳐 2코 모아뜨기 겉뜨기에서 2코를 한번에 뜬다.	참조 ▶ p87

용어집(대바늘뜨기) k3t~kwi

k3tog	knit 3 stitches together	왼코 겹쳐 3코 모아뜨기 겉뜨기로 3코를 한번에 뜬다. 참조 p87
k2tog tbl		겉뜨기에서 2코를 돌려뜨기로 한꺼번에 뜬다. 참조 p87
	knit two together through back loop	
kfb / k1fb / k1f&b		앞뒤 겉뜨기로 2코 떠내는 코늘리기. 겉뜨기를 하면서 코를 빼지 않고 뒤쪽 고리에서 돌려뜨기 한다. 동 bar increase 참조 p84
	knit into front and back of stitch	
kfbf	knit into the front, back and front of the same stitch	3코 떠내는 코늘리기. 겉뜨기를 하면서 그대로 코로 빼지 않고 뒤와 앞의 순서로 바늘을 넣어서 각각 겉뜨기 한다. 참조 p85
kfpb	knit into front, then purl into back of the same st	2코 떠내는 코늘리기. 겉뜨기를 하면서 그대로 코를 빼지 않고 뒤쪽 고리에도 바늘을 넣어서 안뜨기 한다. 참조 p85
kitchener stitch		메리야스 잇기 동 grafting stockinette stitch 참조 p100
knitted cast on		뜨면서 만드는 기본코 참조 p96 ※왼쪽 바늘의 첫번째 코에 겉뜨기 하는 것처럼 바늘을 넣고 실을 빼내서 다시 왼쪽 바늘에 빼낸 코를 거는 방법
k tbl / k1 tbl		돌려뜨기 고리 뒤쪽에 바늘을 넣어서 겉뜨기를 한다.
	knit through back of loop	
kwise	knit wise	겉뜨기를 하듯이(바늘을 넣는다) 동 as if to knit

LH ~ m1 용어집(대바늘뜨기)

LH	left-hand	왼손, 왼쪽
lifeline		라이프라인. 레이스 뜨기 등의 복잡한 무늬를 뜰 때, 실이 풀리게 되면 복잡해서 다시 복원하기 어려운 경우, 더이상 코가 빠지지 않도록 실을 통과시켜 두는 것. 무늬가 바뀌는 곳에 넣어두면 좋다. ※보통 돗바늘로 실을 통과시키지만, 바늘을 교체할 수 있는 줄바늘 상품 중에는 실을 넣을 수 있는 구멍이 있어서 그곳에 실을 통과시켜 두면 뜨면서 라이프라인을 통과시킬 수 있다.
lifted increase		오른코 늘리기나 왼코 늘리기와 같이 1단 아래의 코를 잡아 올려서 코를 늘리는 방법
live stitch(es)		코가 남아있는 상태, 마무리 하지 않은 상태의 코
LLI	left lifted increase	왼코 늘리기
LLPI	left lifted purl increase	안뜨기일 때 왼코 늘리기
LN	left needle	왼쪽 바늘
long tail cast on		손가락으로 만드는 기본코 참조 p94
loose(ly)		느슨한, 여유있는 반 tight(ly) 예 loose fit = (옷이) 여유있는 모양새 cast on loosely = 느슨하게 코만들기를 한다.
lp(s)	loop(s)	바늘에 걸려있는 코
lys	local yarn store	가까운 털실 가게
m	meter(s)	미터
m	marker	콧수 링, 콧수 마커 동 stitch marker
MB	make bobble	방울뜨기를 한다. ※방울뜨기는 여러 가지 방법이 있으므로 각 패턴에서 각각의 상세한 방법이 설명되어 있다.
MC	main color	바탕색
m1	make 1 stitch	코늘리기를 한다.(돌려뜨기로 코늘리기 등) 동 increase

용어집(대바늘뜨기) m1~oz

m1 k-st	make 1 knit stitch	겉뜨기일 때 돌려뜨기로 코늘리기를 한다.
m1 p-st	make 1 purl stitch	안뜨기일 때 돌려뜨기로 코늘리기를 한다.
M1R	make 1 right leaning stitch	돌려뜨며 코늘리기 (왼쪽) 참조 ▶ p86 ※다음 코와의 사이에 가로로 건너는 실 (싱커 루프)에 왼쪽 바늘을 뒤에서 넣어서 겉뜨기를 뜬다.
M1L	make 1 left leaning stitch	돌려뜨며 코늘리기 (오른쪽) 참조 ▶ p86 ※다음 코와의 사이에 가로로 건너는 실 (싱커 루프)에 왼쪽 바늘을 앞에서 넣어서 돌려뜨기를 한다.
mattress stitch		돗바늘로 떠서 꿰매기 참조 ▶ p102
mitered square knitting		사각형의 2변을 1단으로 그 중심에서 3코 모아뜨기를 하여 네모 모양으로 뜨는 법. 도미노 뜨기
mm	millimeter(s)	미리미터
moss stitch		멍석뜨기 ※seed stitch의 동의어로 쓰이는 경우가 많다. 몇코 몇단인 멍석뜨기인지 그 때 그때 확인하는 것이 좋다.
mult	multiple	배수 예 multiple of 3 = 3의 배수
needle cap		바늘 마개
negative ease		느슨하지 않게 뜬다. (뜨개바탕이 잘 늘어나는 경우)
notions		손뜨개 도구
nupp		늪 (에스토니아 숄 등에서 사용되는 구슬뜨기 기법) ※겉쪽단에서 겉뜨기와 바늘 비우기를 조합하여 5코나 7코를 뜨고 다음 뒷쪽 단에서 그것을 한번에 뜨는 방법. 겉쪽 단에서 뜰 때 되도록 느슨하게 떠야 한다.
one at a time		하나 씩 예 slip the next 2 sts to RH needle one at a time = 다음 2코를 1코 씩 오른쪽 바늘에 옮긴다.
opp	opposite	반대 편의, 반대의
oz	ounce(s)	온즈, 무게의 단위 (= 28.34 그램)

p ~ ple 용어집(대바늘뜨기)

p	purl	안뜨기
p2tog	purl 2 stitches together	⟨symbol⟩ 왼코 겹쳐 2코 모아 안뜨기　참조 ▶ p87
p2tog tbl		안뜨기로 2코를 한번에 돌려뜨기 한다.　참조 ▶ p87
	purl 2 stitches together through back loop	※꼬인 상태의 [왼코 겹쳐 2코 모아 안뜨기]이지만 [오른코 겹쳐 2코 모아뜨기](ssp) 대신 사용되는 경우가 있다.
p3tog	purl 3 stitches together	⟨symbol⟩ 왼코 겹쳐 3코 모아 안뜨기　참조 ▶ p87
patt(s)	pattern(s)	무늬
pb / p1b / p-b		아랫단 코에 안뜨기를 한다.
	purl into stitch in row below	
pfb / p1f&b		1코에서 2코를 떠내는 코늘리기. 1코 안뜨기를 하고 그대로 왼쪽 바늘에 코를 남긴 상태에서 안뜨기를 돌려서 한다.　참조 ▶ p84
	purl into front and back of stitch	
pfkb		1코에서 2코를 떠내는 코늘리기. 1코 안뜨기를 하고 그대로 왼쪽 바늘에 코늘 남긴 상태에서 돌려뜨기 한다.　참조 ▶ p84
	purl into front, then knit into back of same stitch	
picot		피코
pick up		(빠뜨린 코를) 줍다
pleat		플리츠(주름)

용어집(대바늘뜨기) *ply~rai*

ply		실의 꼬임(줄 수)
pm	place marker	마커를 넣다. 표시를 하다.
pom pom		폼폼
positive ease		더 느슨하게 뜬다. 느슨하게 예 with 2 to 5cm positive ease = 2~5cm 만큼 더 느슨하게
prev	previous	앞의~
provisional cast on		별실을 나중에 풀어버리는 코만들기　　　　참조 ▶ p95
provisional crochet chain cast on		코바늘을 이용하여 별실로 기본코 만들기 동 chained provisional cast on stitch　　　참조 ▶ p95
psso	pass slipped stitch(es) over	(오른쪽 바늘에 옮긴) 코를 덮어씌운다.
p tbl	purl through back loop	돌려뜨기(안뜨기) 안뜨기를 돌려서 한다.
		back loop
pu / puk		코를 줍는다. ※Pick up 과 pick up and knit는 같은 의미로 쓰이는 경우가 많지만, 일부러 구별해서 쓰는 경우도 있다. 이 경우에 pick up 은 [뜨개바탕의 코를 바늘에 걸어서 뜰 준비를 하는 것]이라는 뜻으로 쓰인다. 예를 들면 뜨개바탕의 끝이 걸러뜨기 되어 있을 경우 걸러뜬 코를 바늘에 거는 경우를 말한다. 양말 등을 뜰 경우에 해당된다.
	pick up / pick up and knit	
pucker / puckering		뜨개바탕이 당겨져서 일그러지는 것. 뜨고 있을 때 실을 지나치게 잡아당기면 일어나는 현상
pwise	purlwise	안뜨기를 하듯이　　동 as if to purl
raised increase		돌려뜨기로 코늘리기의 총칭. 코와 코사이에 걸쳐지는 실(싱커 루프)를 주워 올려 돌려떠서 코를 늘린다.

rem ~ sea 용어집(대바늘뜨기)

rem	remain(s), remaining	남아있는, 남다, 남았다 예 remaining sts on needle = 바늘에 남아있는 코 3 sts remaining = 3코 남다
rep	repeat(s), repeating	반복하다, 반복한
rev St st	reverse stockinette stitch	안메리야스뜨기
RH	right-hand	오른손
rib	ribbing	고무뜨기 ※1코 고무뜨기, 2코 고무뜨기, 겉 2코와 안 1코 등 고무뜨기의 총칭
ridge		(가터뜨기 등의) 산처럼 올라온 부분 예 garter ridge = 가터뜨기의 산 부분
RLI	right lifted increase	오른코 늘려뜨기
RLPI	right lifted purl increase	오른코 늘려 안뜨기
rnd(s)	round(s)	~주째 (원통뜨기의 경우의 단수)
rm	remove marker	마커를 제거하다.
rm	replace marker	마커를 다시 단다. (다른 위치에 있었던 마커나 한번 제거했던 마커를 다시 달라는 지시)
RN	right needle	오른쪽 바늘
row(s)	row, rows	단, 단수
RS	right side	(뜨개바탕의) 겉면, 표면
RS facing	right side facing	겉면이 보이도록, 겉쪽이 위로 향하게 해서 반 WS facing
ruffle		프릴, 러플
schematic		제도
scrap yarn		별실 동 waste yarn
seaming		잇기 동 join together

용어집(대바늘뜨기) *sea ~ sl*

seamless	잇지 않는, 솔기가 없는
seed stitch	멍석뜨기 ※moss stitch의 동의어로 사용되는 경우가 많다. 몇코 몇단인 멍석뜨기인지 그 때마다 순서를 확인하는 것이 좋다.
selvage [US]	뜨개바탕의 끝　　　[동] selvedge [UK]
selvedge [UK]	뜨개바탕의 끝　　　[동] selvage [US]
short rows	되돌아뜨기(경사 만들기)
shoulder shaping	어깨선
sideways	옆으로, 옆쪽으로
skein	타래, 볼 등의 털실 단위의 총칭
SKP / skpo / s1 k1 psso	⋏ 오른코 겹쳐 2코 모아뜨기 첫 번째 코를 왼쪽 바늘에서 오른쪽 바늘로 옮겨서 2번째 코를 뜨고 오른 바늘에 옮겨진 코를 뜬 코 위에 덮어씌운다. [참조] ▶ p87 ※ssk와 같은 [오른코 겹쳐 2코 모아뜨기] 결과가 나오지만 과정이 다르다.
slip 1, knit 1, pass slipped stitch over the knit stitch	
SK2P / sk2po / sk2togpo	⋏ 오른코 겹쳐 3코 모아뜨기 첫 번째 코를 왼쪽 바늘에서 오른쪽 바늘로 옮겨서 그 다음의 2코를 한꺼번에 뜨고 오른쪽 바늘에 넘긴 코를 2코 모아뜨기 한 것에 덮어씌운다. [참조] ▶ p88
slip 1 stitch, knit 2 stitches together, pass slipped stitch over the 2 knit stitches	
S2KP / s2kpo / s2togkpo	⋏ 중심 3코 모아뜨기 첫 번째 2코를 한꺼번에 왼쪽 바늘에서 오른쪽 바늘에 옮긴 다음 3번째 코를 뜨고 오른쪽 바늘에 옮긴 2코를 그대로 둔 채로 새로 뜬 코 위에 덮어씌운다. [동] center double decrease [참조] ▶ p88
slip 2 stitches together, knit 1 stitch, pass 2 slipped stitches over the knit stitch	
slip	코를 뜨지 않고 그대로 오른쪽 바늘에 옮긴다. ※slip knitwise, slip purlwise와 바늘 넣는 법을 지시하는 경우도 있다.
sl st	slip stitch	V 걸러뜨기　※slip knitwise, slip purlwise라는 식으로 바늘 넣는 법을 지시하는 경우도 있다.

sl ~ ssp 용어집(대바늘뜨기)

sl 1k / sl1k / sl 1 knitwise		오른쪽 바늘을 겉뜨기하듯이 코의 왼쪽에서 넣어서 오른쪽 바늘에 옮긴다.
	slip 1 stitch knitwise	동 slip one stitch as if to knit
sl 1p / sl1p / sl 1 purlwise		오른쪽 바늘을 안뜨기하듯이 코의 오른쪽에서 넣어서 오른쪽 바늘에 옮긴다.
	slip 1 stitch purlwise	동 slip one stitch as if to purl
sleeve cap		소매산
sl wyif	slip 1 stitch with yarn in front	실을 앞쪽으로 가져 오고 코를 오른쪽 바늘에 옮긴다.
sl wyib	slip 1 stitch with yarn in back	실을 뜨개바탕 뒤로 돌리고 코를 오른쪽 바늘에 옮긴다.
sm / slm		마커를 (왼쪽 바늘에서 오른쪽 바늘에) 옮긴다.
	slip marker	
spn	single pointed needle	뒤가 막힌 대바늘
ssk	slip, slip, knit (slip 2 stitches knitwise one at a time, then knit 2 stitches together through back loop)	오른코 겹쳐2코 모아뜨기 2코를 한코씩 겉뜨기 하듯이 왼쪽에서 바늘을 넣어서 오른쪽 바늘에 옮긴 다음, 그 2코를 왼쪽 바늘에 다시 옮겨서 2코를 한꺼번에 돌려뜨기 하듯이 뜬다. 참조 ▶ p87 ※결과물은 [오른코 겹쳐 2코 모아뜨기]로 skp와 같지만 과정이 다르다.
ssp	slip, slip, purl (slip 2 stitches knitwise one at a time, then purl those 2 stitches together through the back loop)	오른코쪽 겹쳐 2코 모아 안뜨기 2코를 한코씩 겉뜨기 하듯이 왼쪽에서 바늘을 넣어서 오른쪽 바늘에 옮긴 다음, 그 2코를 왼쪽 바늘에 다시 옮기고, 안뜨기의 돌려뜨기를 하듯이 2코를 한번에 뜬다. 참조 ▶ p87 ※결과물은 [오른코 겹쳐 2코 모아 안뜨기]와 같지만 우리나라의 손뜨개 교본 등과는 과정이 다르다.

용어집(대바늘뜨기) sss ~ ten

sssk	slip, slip, slip, knit these 3 stitches together (slip 3 stitches knitwise one at a time, then knit those 3 stitches together)	오른코 겹쳐 3코 모아뜨기 3코를 한코씩 겉뜨기를 하듯이 왼쪽에서 바늘을 넣어서 오른쪽 바늘에 옮기고, 그 3코를 왼쪽 바늘에 다시 옮겨서 3코를 한번에 돌려뜨기 하듯이 뜬다. 참조 p87 ※ssk와 같은 요령으로 [오른코 겹쳐 3코 모아뜨기]를 하기 때문에 우리나라 손뜨개 교본과는 과정이 다르다.
sssp	slip, slip, slip, purl (slip 3 sts knitwise one at a time, from left to right needle, slip these back to left needle and purl these sts together through their back loops)	오른코 겹쳐 3코 모아 안뜨기 3코를 한코씩 겉뜨기 하듯이 왼쪽에서 바늘을 넣어서 오른쪽 바늘에 옮기고, 그 3코를 왼쪽 바늘에 다시 옮긴 후, 3코를 한꺼번에 돌려뜨기 하듯이 안뜨기 한다. 참조 p87 ※ssp와 같은 요령으로[오른코 겹쳐 3코 모아 안뜨기]를 하기 때문에 우리나라 손뜨개 교본과는 과정이 다르다.
st(s)	stitch(es)	뜨개 코
stash		(털실 등) 남겨 둔 것　예 stash yarn = (개인의) 재고 실
stitch holder		풀림막음핀
St st	stockinette stitch, stocking stitch	메리야스뜨기
stitch pattern		무늬뜨기
strand(s)		(실의) 가닥 예 two strands of yarn held together =실을 2가닥 합쳐서
stranded knitting		실을 가로로 걸쳐 뜨는 배색뜨기
stretchy		신축성이 있는, 쉽게 늘어나는
swatch		게이지를 재거나, 무늬를 보기 위한 견본 뜨개바탕
swift		물레
tapestry needle		돗바늘　동 darning needle
tbl	through the back of loop	고리 (바늘에 걸려있는 코)의 뒤쪽에서 부터 예 k tbl(knit through back loop) = 고리 뒤쪽에 바늘을 넣어서 겉뜨기 한다.
tension		게이지 UK , 실의 팽팽한 정도

thr ~ wor 용어집(대바늘뜨기)

three-needle bind off		대바늘을 이용한 빼뜨기 잇기　　　　　　참조 ▶ p100
tight		딱 맞는　　　　　　　　　　　　　　　　반 loose 예 tight fit = 몸에 딱 맞는
tight(ly)		빡빡한, 빡빡하게　　　　　　　　　　　반 loose(ly) 예 cast on tightly = 기본코를 빡빡하게 만든다
toe-up		떠나가는 방향. 양말의 발끝부터 위로 뜬다.
tog	together	같이, 한꺼번에
top down		떠나가는 방향. 목부터. 위에서 아래로 뜬다.
trn	turn	뒤집어서, 방향을 반대로 바꾼다.
twist(ed)		꼬아서, 꼬은, 꼬인 예 Be sure stitches are not twisted when working in the round = 원통뜨기를 할 때에는 코가 꼬여져있지 않은지 확인하도록 한다
unravel		(실을) 풀다
variegated yarn		베리에이션사
vertical seaming		(단과 단의) 꿰메기 전반
waist shaping		허리부분을 들어가게 하는 코줄이기
waste yarn		별실(다른 실)　　　　　　동 scrap yarn
work even		코를 늘리거나 줄이는 것 없이 그대로 떠 나가는 것 동 work straight
work flat		평뜨기(왕복뜨기)　　동 work back and forth 반 work in the round
work in the round		원통으로 뜨다　　동 circular knitting 반 work back and forth, work flat
working needle		뜨는데 사용하고 있는 바늘 ※다른 바늘로 코를 쉬게 하고 있을 경우 등. 다른 바늘과 구별할 수 있게 하는 표현
work straight		늘리거나 줄이지 않고 그대로 떠 나가는 것　　동 work even

용어집(대바늘뜨기) wor ~ yrn

working yarn		뜨는데 사용하고 있는 실 ※위의「working needle」과 같이 다른 쉬고 있는 실과 구별해서 사용하는 표현	
WPI	wraps per inch	「1인치 당 감은 수」로 재는 실의 굵기에 대한 하나의 기준	참조 ▶ p40
WS	wrong side	(뜨개바탕의) 뒤쪽, 뒷면	
WS facing		뒷면이 보이도록 하여, 뒤집어서	반 RS facing
	wrong side facing		
W&T / w&t / wt		되돌아뜨기(경사뜨기)의 한 기법	참조 ▶ p89
	wrap and turn		
wyb / wyib		실을 뒤쪽에 두고 ※걸러뜨기 등에 나오는 동작	
	with yarn in back		
wyf / wyif		실을 앞쪽에 두고 ※걸쳐뜨기 등에 나오는 동작	
	with yarn in front		
yardage		실 길이	
yd(s)	yard(s)	야드, 길이의 단위 (= 0.9144m)	
yf	yarn forward	○ 바늘비우기 ※겉코와 겉코 사이에서 바늘비우기	참조 ▶ p108
yfrn	yarn forward round needle	○ 바늘비우기 ※겉코와 안코 사이에서 바늘비우기	참조 ▶ p108
yo	yarn over	○ 바늘비우기	참조 ▶ p108
yo2	yarn over twice	바늘비우기를 2번 한다	동 double yo
yon	yarn over needle	○ 바늘비우기 ※안코와 겉코사이에서 바늘비우기	참조 ▶ p108
yrn	yarn around needle	○ 바늘비우기 ※안코와 안코사이에서 바늘비우기	참조 ▶ p108

W
X
Y

blo ~ dc 용어집(코바늘뜨기)

blo	back loop only	아랫단 사슬코 뒷산에 바늘을 넣어서 뜬다.	
bpdc [US]	back post double crochet	뒤걸어 한길긴뜨기	동 bptr [UK]
bphdc [US]	back post half double crochet	뒤걸어 긴뜨기	동 bphtr [UK]
bphtr [UK]	back post half treble crochet	뒤걸어 긴뜨기	동 bphdc [US]
bptr [UK]	back post treble crochet	뒤걸어 한길긴뜨기	동 bpdc [US]
ch	chain, chain stitch	사슬뜨기	
ch st	chain stitch		
cluster		한길긴뜨기 등의 뜨개코를 2코 이상 한번에 뜨는 것. 한길긴뜨기 3코 모아뜨기, 4코 모아뜨기 등도 cluster라고 표현한다. 예 4-dc cluster = 한길긴뜨기의 4코 모아뜨기	
cs	cluster stitch		
crochet hook		코바늘	동 hook
dc [US]	double crochet	한길긴뜨기	동 tr [UK]
dc [UK]	double crochet	짧은뜨기	동 sc [US]

용어집(코바늘뜨기) *dc2 ~ fpd*

dc2tog [US]	double crochet 2 stitches together	한길긴뜨기 2코 모아뜨기	동 tr2tog [UK]
dc2tog [UK]	double crochet 2 stitches together	짧은뜨기 2코 모아뜨기	동 sc2tog [US]
dc3tog [US]	double crochet 3 stitches together	한길긴뜨기 3코 모아뜨기	동 tr3tog [UK], 3-dc cluster
dc3tog [UK]	double crochet 3 stitches together	짧은뜨기 3코 모아뜨기	동 sc3tog [US]
draw through		~에서 잡아뺀다. 예 draw through loop = 사슬에서 잡아뺀다.	
dtc / dtr [US]	double triple crochet, double treble crochet	세길긴뜨기	동 tr tr [UK]
dtc / dtr [UK]	double triple crochet, double treble crochet	두길긴뜨기	동 tr [US]
fc	foundation chain	사슬뜨기	
fdc	foundation double crochet	사슬뜨기 기본코와 한길긴뜨기를 동시에 떠나가는 방법 참조 p92	
flo	front loop only	아랫단의 사슬코 앞쪽 고리에 바늘을 넣어서 뜬다. 예 through flo (front loop only) = 사슬코 앞쪽 고리만	
fpdc [US]	front post double crochet	앞걸어 한길긴뜨기	동 fptr [UK]

데이터편 75

fpd ~ mis 용어집(코바늘뜨기)

fpdc2tog [US]	front post double crochet 2 together	앞걸어 한길긴뜨기의 2코 모아뜨기	[동] fptr2tog [UK]
fptr [US]	front post treble crochet	앞걸어 두길긴뜨기	[동] fpdtr [UK]
fptc2tog [US]	front post treble crochet 2 together	앞걸어 두길긴뜨기 2코 모아뜨기 [동] fpdtr2tog [UK]	
fptr [UK]	front post treble crochet	앞걸어 한길긴뜨기	[동] fpdc [US]
fptr2tog [UK]	front post treble crochet 2 together	앞걸어 한길긴뜨기 2코 모아뜨기 [동] fpdc2tog [US]	
fsc	foundation single crochet	사슬뜨기 기본코와 짧은뜨기를 동시에 뜨는 방법 [참조] p92	
hdc [US]	half double crochet	긴뜨기 [동] htr [UK]	
hdc2tog [US]	half double crochet 2 together	긴뜨기 2코 모아뜨기	[동] htr2tog [UK]
hdc3tog [US]	half double crochet 3 together	긴뜨기 3코 모아뜨기	[동] htr3tog [UK]
hook		코바늘 [동] crochet hook	
htr [UK]	half treble crochet	긴뜨기	[동] hdc [UK]
htr2tog [UK]	half treble crochet 2 together	긴뜨기 2코 모아뜨기 [동] hdc2tog [US]	
htr3tog [UK]	half treble crochet 3 together	긴뜨기 3코 모아뜨기 [동] hdc3tog [US]	
join		잇기 [예] join into a ring = 원통으로 잇다.	
join as you go		(모티프 등을) 뜨면서 이어가는 것	
lp(s)	loop(s)	1) 코바늘에 걸려있는 코 2) 사슬뜨기로 뜬 사슬	
miss		아랫단의 코를 뜨지 않고 지나가는 것 [동] skip [예] miss next 2 sts = 다음 2코를 뜨지 않는다.	

pc / pop	popcorn	팝콘뜨기 한길긴뜨기 등의 코를 여러개 떠서 마지막 코를 뜨면 일단 바늘을 빼내어서 첫번째 코의 머리에 바늘을 넣어 바늘을 뺀 코(마지막코)의 고리를 빼낸다. ※팝콘뜨기를 할 때 몇코인지 확인이 필요하다.	
picot		피코	
post		(긴뜨기 등의 코의) 다리	
rev sc	reverse single crochet	⨯ 되돌아 짧은뜨기	
rnd(s)	round(s)	~바퀴째 (원통뜨기의 단 수)	
row(s)	row, rows	단, 단수	
sc [US]	single crochet	⨯ 짧은뜨기	[동] dc
sc2tog [US]	single crochet 2 stitches together	짧은뜨기 2코 모아뜨기	[동] dc2tog
sc3tog [US]	single crochet 3 stitches together	짧은뜨기 3코 모아뜨기	[동] dc3tog
sk	skip	코를 뜨지 않고 지나가는 것 [예] sk next 2 sts = 다음 2코를 뜨지 않는다.	[동] miss
slipknot		뜨기 시작하는 첫코	
sl st /ss	slip stitch	● 빼뜨기	
slip stitch seam		코바늘을 사용한 빼뜨기로 잇기	[참조] p101
sp(s)	space, spaces	스페이스, 공간 [예] ch-2 sp = 사슬 2코의 공간	
st(s)	stitch(es)	뜨개코	
tch	turning chain	기둥코	
tr [UK]	treble crochet	한길긴뜨기	[동] dc [US]

tr ~ yo 용어집(코바늘뜨기)

tr2tog [UK]	treble crochet 2 stitches together	한길긴뜨기 2코 모아뜨기	동 dc2tog [US]
tr3tog [UK]	treble crochet 3 stitches together	한길긴뜨기 3코 모아뜨기	동 dc3tog [US]
tr [US]	triple crochet, treble crochet	두길긴뜨기	동 dtc, dtr
tr tr [UK]	triple treble crochet	세길긴뜨기	동 dtc, dtr [US]
yo / yoh	yarn over, yarn over hook	실을 바늘에 걸다.	

실 굵기 대조표

실의 굵기를 나라 구분, 규격, 타입으로 정리해 보았다. 참고해서 선택하기 바란다.

CYCA	WPI (Wraps per inch)	참고콧수 게이지 (메리야스 뜨기 10cm)	미국	영국	호주	한국 · 일본	바늘 사이즈 (대략)	대바늘 호수 (대략)
0 Lace	35이상	33~44코	Lace, Cobweb, Crochet thread, Lace weight, Fingering	1 ply 2 ply	1 ply 2 ply	극세(極細)	1.5~2.25mm	0~1
1 Super fine	19~22	27~32코	Fingering, Sock	3 ply 4 ply	3 ply 4 ply	합세(合細) 중세(中細)	2.25~3.25mm	1~4
2 Fine	15~18	23~26코	Sport, Baby	5 ply	5 ply	합태(合太)	3.25~3.75mm	4~6
3 Light	12~14	21~24코	DK, Light worsted	DK	8 ply	합태(合太) 병태(並太)	3.75~4.5mm	5~8
4 Medium	9~11	16~20코	Worsted, Afgan, Aran	Aran	10 ply	병태(並太)	4.5~5.5mm	8~12
5 Bulky	7~8	12~15코	Bulky, Chunky, Craft, Rug	Chunky	12 ply	극태(極太) 초극태(超極太)	5.5~8mm	10~8
6 Super bulky	6 이하	6~11코	Super Bulky, Roving	Super Chunky	14 ply	초극태(超極太)	8mm~	8mm~

참고: CYCA (Craft Yarn Council of America) http://www.craftyarncouncil.com/weight.html
Craftsy: http://www.craftsy.com/
Ravelry: http://www.ravelry.com/help/yarn/weights

대바늘 굵기 대조표

한국(KR), 일본(JP), 미국(US), 영국(UK) 각각의 나라에서 대바늘의 굵기의 규격이 다르다. 우선 지정된 바늘이 몇 ㎜인지 확인한 후 자신에게 맞는 바늘을 선택한다.

구분	KR	JP	US	UK
2.00 ㎜	2 ㎜	–	0	14
2.10 ㎜	–	0	–	–
2.25 ㎜	–	–	1	13
2.40 ㎜	–	1	–	–
2.50 ㎜	2.5 ㎜	–	–	–
2.70 ㎜	–	2	–	–
2.75 ㎜	–	–	2	12
3.00 ㎜	3 ㎜	3	–	11
3.25 ㎜	–	–	3	10
3.30 ㎜	–	4	–	–
3.50 ㎜	3.5 ㎜	–	4	–
3.60 ㎜	–	5	–	–
3.75 ㎜	–	–	5	9
3.90 ㎜	–	6	–	–
4.00 ㎜	4 ㎜	–	6	8
4.20 ㎜	–	7	–	–
4.25 ㎜	–	–	–	–
4.50 ㎜	4.5 ㎜	8	7	7
4.80 ㎜	–	9	–	–
5.00 ㎜	5 ㎜	–	8	6
5.10 ㎜	–	10	–	–
5.40 ㎜	–	11	–	–
5.50 ㎜	5.5 ㎜	–	9	5
5.70 ㎜	–	12	–	–
6.00 ㎜	6 ㎜	13	10	4
6.30 ㎜	–	14	–	–
6.50 ㎜	–	–	10.5	3
6.60 ㎜	–	15	–	–
7.00 ㎜	7 ㎜	7 ㎜	–	2
7.50 ㎜	–	–	–	1
8.00 ㎜	8 ㎜	8 ㎜	11	0
9.00 ㎜	–	–	13	00
10.00 ㎜	10 ㎜	10 ㎜	15	000
12.00 ㎜	–	12 ㎜	–	
12.75 ㎜	–		17	
15.00 ㎜	–		19	
19.00 ㎜	–		35	
25.00 ㎜	–		50	

코바늘 굵기 대조표

코바늘의 굵기도 한국(KR), 일본(JP), 미국(US), 영국(UK)에서 규격이 다르다. 표기도 여러 가지기 때문에 주의하여 선택한다.

구분	KR / JP	US	UK
2.00 mm	2/0	–	14
2.25 mm	–	B/1	13
2.30 mm	3/0	–	–
2.50 mm	4/0	–	12
2.75 mm	–	C/2	–
3.00 mm	5/0	–	11
3.25 mm	–	D/3	10
3.50 mm	6/0	E/4	9
3.75 mm	–	F/5	–
4.00 mm	7/0	G/6	8
4.25 mm	–	–	–
4.50 mm	7.5/0	7	7
5.00 mm	8/0	H/8	6
5.50 mm	–	I/9	5
6.00 mm	10/0	J/10	4
6.50 mm	–	K/10.5	3
7.00 mm	7 mm	–	2
8.00 mm	8 mm	L/11	0
9.00 mm	–	M/13	00
10.00 mm	10 mm	N/15	000
12.00 mm	12 mm	O/16	–
15.00 mm	–	P/19	–
16.00 mm	–	Q	–
17.50 mm	–	R	–
19.00 mm	–	S/35	–

인치/센티미터 단위 환산표

영문패턴에서 치수를 나타낼 때 자주 사용하는 단위, 인치. 익숙하지 않으면 환산하기 어려우므로 센티미터와의 대조표를 만들었다. 실의 길이를 나타낼 때 사용하는 야드와 미터의 환산도 알아두면 편리하다.

inch	mm
1/8"	3 mm
1/4"	6 mm
1/3"	8 mm
3/8"	10 mm
1/2"	12 mm
5/8"	16 mm
2/3"	17 mm
3/4"	19 mm

inch	cm	inch	cm
1"	2.5 cm	26"	66.0 cm
2"	5.1 cm	27"	68.6 cm
3"	7.6 cm	28"	71.1 cm
4"	10.2 cm	29"	73.7 cm
5"	12.7 cm	30"	76.2 cm
6"	15.2 cm	31"	78.7 cm
7"	17.8 cm	32"	81.3 cm
8"	20.3 cm	33"	83.8 cm
9"	22.9 cm	34"	86.4 cm
10"	25.4 cm	35"	88.9 cm
11"	27.9 cm	36"	91.4 cm
12"	30.5 cm	37"	94.0 cm
13"	33.0 cm	38"	96.5 cm
14"	35.6 cm	39"	99.1 cm
15"	38.1 cm	40"	101.6 cm
16"	40.6 cm	41"	104.1 cm
17"	43.2 cm	42"	106.7 cm
18"	45.7 cm	43"	109.2 cm
19"	48.3 cm	44"	111.8 cm
20"	50.8 cm	45"	114.3 cm
21"	53.3 cm	46"	116.8 cm
22"	55.9 cm	47"	119.4 cm
23"	58.4 cm	48"	121.9 cm
24"	61.0 cm	49"	124.5 cm
25"	63.5 cm	50"	127.0 cm

yrd	m
1 yrd	0.91 m
2 yrds	1.82 m
3 yrds	2.74 m
4 yrds	3.65 m
5 yrds	4.57 m
6 yrds	5.48 m
7 yrds	6.39 m
8 yrds	7.31 m
9 yrds	8.22 m
10 yrds	9.14 m
15 yrds	13.71 m
20 yrds	18.28 m
25 yrds	22.85 m
30 yrds	27.42 m
35 yrds	31.99 m
40 yrds	36.56 m
45 yrds	41.13 m
50 yrds	45.7 m
100 yrds	91.4 m
500 yrds	457 m
1,000 yrds	914 m

치수 재는 부위의 명칭 Taking measurements

	영어	한국어	비고
1	Chest/Bust	가슴둘레	
2	Center Back	뒷목에서 손목까지의 길이	
3	Back Waist Length	등길이	
4	Cross Back	어깨넓이	
5	Sleeve Length	소매길이	주의) sleeve length는 「겨드랑이에서 손목뼈」까지 이지만 한국어의 「소매길이」는 「어깨 끝에서 손목뼈」까지이다.
6	Upper Arm	팔둘레	
7	Armhole Depth	진동둘레	
8	Waist	허리둘레	
9	Hip	엉덩이둘레	
10	Head	머리둘레	

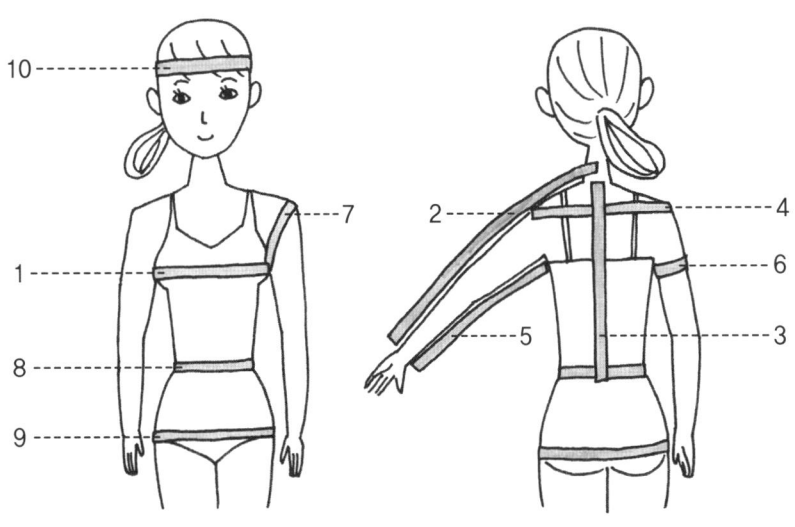

알아두면 좋은 표현과 뜨는 법

(1) 영문패턴 특유의 표현과 뜨는 법

Increases and Decreases (여러 가지 코줄이기와 코늘리기 방법)

kfb (앞뒤 겉뜨기로 2코를 떠내는 코늘리기)

영문 패턴에서 자주 나오는 코늘리기가 kfb(별칭 bar increase)이다.
kbf는 knit into front and back of stitch를 생략한 것으로「바늘에 걸려있는 코의 앞과 뒤쪽에 겉뜨기를 뜬다」, 즉 1코에서 2코를 만드는 방법이다. 고리의 뒤쪽부터 두번째 코를 떠내면 그 코가 안뜨기를 했을 때처럼 가로줄이 생기기 때문에 bar increase라고도 부른다.
여러 패턴에서 kfb를 떠보면 kfb는 단순히 코를 늘리는 기능적인 사용법 이외에도 간단하게 주름을 만들 수도 있고, 입체감을 표현할 수도 있다.
이 책의 p136의 패턴「주름 장식이 있는 스누드」의 특징적인 표현도 kfb를 사용하여 만들어진 것이다.
색다른 느낌의 코늘리기 방법인 kfb에 한번 도전해 보자.

- **kfb / k1fb / k1f&b** (knit into front and back of stitch)

앞뒤 겉뜨기로 2코를 떠내는 코늘리기. 겉뜨기를 하고 왼쪽 바늘에 있는 코를 빼지 않고 그대로 코 뒤쪽에도 바늘을 넣어서 겉뜨기를 한다.

- **pfb / p1fb / p1f&b** (purl into front and back of stitch)

앞뒤 안뜨기로 2코를 떠내는 코늘리기. 안뜨기를 하고 왼쪽 바늘에 있는 코를 빼지 않고 그대로 코의 뒤쪽에 바늘을 넣어서 돌려뜨기로 안뜨기를 한다.

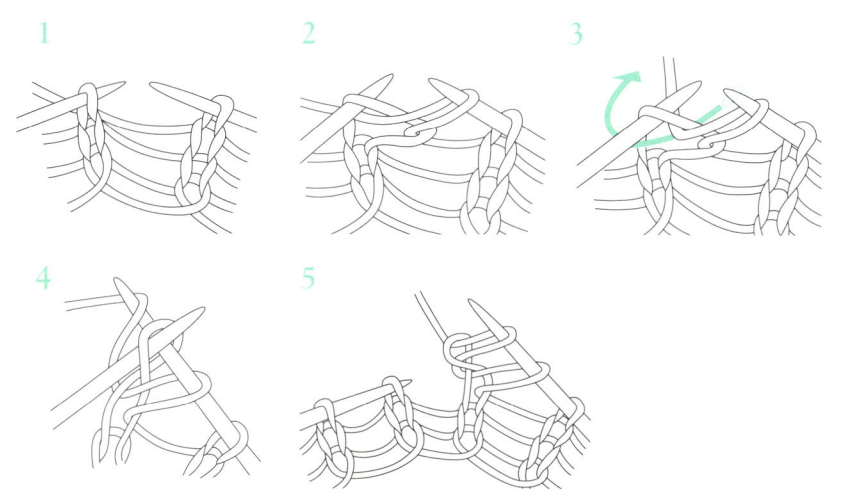

- **kfpb** (knit into the front and purl into back of stitch)
앞 겉뜨기와 뒤 안뜨기로 2코를 떠내는 코늘리기. 겉뜨기를 하고 왼쪽 바늘에 있는 코를 빼지 않고 그대로 코의 뒤쪽에 바늘을 넣어서 돌려뜨기로 안뜨기를 한다.

- **kfbf** (knit into the [front, back, front] of the same stitch)
앞뒤앞 겉뜨기로 3코를 떠내는 코늘리기. 겉뜨기를 하고 왼쪽 바늘에 있는 코를 빼지 않고 그대로 뒤, 앞의 순서로 바늘을 넣어서 각각 겉뜨기를 한다.

M1L, M1R (돌려뜨기로 코늘리기)

코늘리기를 할 때 단순히 increase나 M1(make1)과 같이 막연히 「1코 늘린다」라고만 쓰여 있는 경우가 있는데 이런 경우에는 「돌려뜨기로 코늘리기」를 하는 경우가 많다.
「돌려뜨기로 코늘리기」는 실을 꼬는 방향이 구체적으로 제시된 경우도 있다.
돌려뜨기로 코늘리기는 영어로

알아두면 좋은 표현과 뜨는 법 (1) 영문패턴 특유의 표현과 뜨는 법

M1L이 make 1 left-leaning increase (왼쪽으로 기울어지게 돌려뜨는 코늘리기) M1R이 make 1 right-leaning increase (오른쪽으로 기울어지게 돌려뜨는 코늘리기)이라는 식으로 각각의 코가 기울어지는 방향을 나타내고 있다.

우리나라에서는 뜨개바탕의 양끝에서 돌려뜨기로 코늘리기를 하는 경우가 많으므로 「돌려뜨기로 코늘리기(오른쪽)」, 「돌려뜨기로 코늘리기(왼쪽)」이라는 표현이 주로 쓰인다. 뜨개바탕의 오른쪽으로 늘려가는지, 왼쪽으로 늘려가는지로 구별하는 것이다.

즉, M1L이 「돌려뜨기로 코늘리기(오른쪽)」이고, M1R이 「돌려뜨기로 코늘리기(왼쪽)」이다. 좌우의 표현이 반대가 된다.

헷갈리기 쉽지만 단순히 M1L이 「왼쪽으로 꼬아진 것(꼬아진 고리의 왼쪽이 위)」, M1R이 「오른쪽으로 꼬아진 것(꼬아진 고리의 오른쪽이 위)」라고 기억하는 것이 좋다.

• **M1L** (make 1 left leaning stitch) 돌려뜨기로 코늘리기(오른쪽)

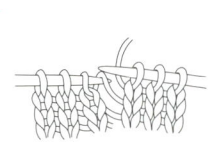 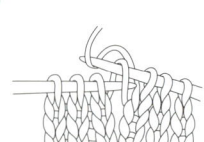 

코와 코 사이에 가로로 지나는 실(sinker loop: 싱커 루프)에 왼쪽 바늘 끝을 앞에서부터 넣어서 돌려뜨기 한다.

• **M1R** (make 1 right leaning stitch) 돌려뜨기로 코늘리기(왼쪽)

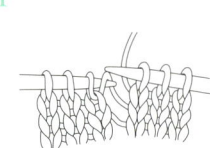 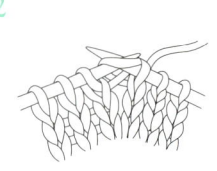 

코와 코 사이에 가로로 지나가는 실(sinker loop: 싱커 루프)에 왼쪽 바늘 끝을 뒤에서부터 넣어서 겉뜨기 한다.

k2tog, p2tog, k3tog, p3tog (한번에 모아뜨기)

뜨기 가장 쉬운 2코와 3코 한 번에 모아뜨기이다.
k2tog는 knit 2 stitches together를 축약한 것으로 말 그대로 「2코를 한꺼번에 겉뜨기 한다」는 것으로 「왼코 겹쳐 2코 모아뜨기」라는 우리나라에서도 자주 사용되는 코 줄임 방법이다.
같은 요령으로 p2tog는 purl 2 stitches together는 「2코를 한꺼번에 안뜨기 한다」는 것으로 「왼코 겹쳐 2코 모아 안뜨기」이다.
k3tog, p3tog, 그리고 k4tog와 k5tog도 원리는 같다.

ssk, skpo (코의 방향을 바꾸면서 2코 모아뜨기)

k2tog와는 다르게 「오른코 겹쳐 2코 모아뜨기」의 경우에는 skpo(또는 skp)와 ssk라는 2가지 뜨개 기법이 있다.
보통, 우리나라에서 말하는 오른코 겹쳐 2코 모아뜨기는 「왼쪽 바늘에 걸려있는 첫번째 코를 오른쪽 바늘에 옮기고(걸러뜨기), 2번째 코를 뜨고 나서 오른쪽 바늘에 옮긴 코를 그 위에 덮는다」는 방법이다. 이것에 해당하는 것이 skpo(또는 skp)로 slip, knit, pass sliped stich over(첫번째 코를 오른쪽 바늘에 옮기고(걸러뜨기) 다음 코를 겉뜨기 해서 그 코를 옮긴 코에 덮어씌운다)의 축약어이다.
그리고, ssk는 slip, slip, knit(2 stitches together through back loop). 즉, 왼쪽 바늘에 있는 코에 걸러뜨기 하듯이 한코씩 오른쪽 바늘에 2코 옮겨서 코의 방향을 바꾼 후에, 왼쪽 바늘에 다시 옮기고 돌려뜨기 하듯이 2코 모아서 겉뜨기를 한다.

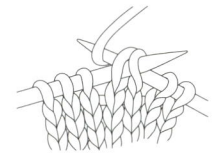

k2tog와 짝으로 사용하는 경우, skpo는 덮어씌우는 코가 늘어나기 쉬워서 오른쪽과 왼쪽의 코를 줄인 느낌이 약간 달라지지만, ssk는 그런 일이 없다. 우리나라에서는 많이 사용되지 않는 방법이지만, 스스로 터득해서 이렇게 뜨는 사람도 있다.
영문패턴에서는 이 2가지의 「오른코 겹쳐 2코 모아뜨기」를 구분해서 표현하고 있다.

sk2po, s2kpo (코의 순서를 바꾸면서 3코 모아뜨기)

이 2가지 축약어는 언뜻 보면 같아 보이지만, 잘 보면 숫자 「2」의 위치가 다르다. 그냥 지나치게 되면 느낌이 다른 3코 모아뜨기가 되어 버리니 주의한다.

sk2p / sk2po / sk2togpo (오른코 겹쳐3코 모아뜨기)
(slip 1 stitch, knit 2 stitches together, pass slipped stitch over the 2 knit stitches)
오른쪽 바늘에 한코 옮겨 놓고, 2번째 코와 3번째 코를 한꺼번에 모아뜨기 하고 오른쪽 바늘에 옮겨 놓은 코를 2코 모아뜨기 한 것 위에 덮어씌운다.

s2kp / s2kpo / s2togkpo (중심3코 모아뜨기)
(slip 2 stitches together, knit 1 stitch, pass 2 slipped stitches over the knit stitch)
시작 2코를 한꺼번에 오른쪽 바늘에 옮겨 놓은 다음, 3번째 코를 겉뜨기로 뜨고 오른쪽 바늘에 옮긴 2코를 그대로 위에 덮어씌운다.

여러 가지 편리한 테크닉

wrap & turn 되돌아뜨기 (경사뜨기)

우리나라 손뜨개의 되돌아뜨기에서는 「바늘비우기(걸기코)와 걸러뜨기」가 반드시 필요하지만. 영문패턴에서는 다른 특별한 처리(걸기코)를 하지 않고 그대로 되돌아 뜨는 경우가 있다. 예를 들면, 가터뜨기를 베이스로 하는 작품에서는 그렇게 해도 문제가 되지 않을 수도 있다.

하지만 아무런 처리를 하지 않으면 되돌아뜨기를 한 부분에서 구멍이 뚫리는 경우가 있는데, 이럴 때는 warp and turn(축약해서 w&t 또는 W&T라고 표기하는 경우도 있다)라는 수법을 쓴다.

Warp and turn은 지정된 코에 실을 warp해서(감아서), turn하는(뜨개바탕을 뒤집는) 것이다.

w&t는 패턴 속에서 순서의 하나로 쓰여 있으므로 w&t가 나오면 다음 코에 실을 감아서 그 코는 건너 뛰고 그대로 되돌아뜨기를 한다. 계속해서 패턴을 뜨다 보면 다음에 warp 되어진 코를 뜰 때는 warp 한 코와 warp 되어진 코를 한꺼번에 떠올려서 뜬다.

이 순서를 picking up the warp(감아진 코를 줍는다)이라고 한다. 우리나라에서 흔히 말하는 「정리단뜨기」에 해당하는 것이다.

• **겉면의 warp & turn** (메리야스뜨기의 경우)

1
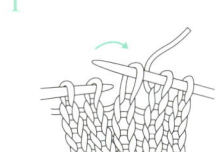

2
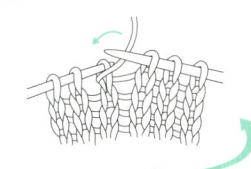

1) 겉뜨기로 뜨고 있었기 때문에 실은 뜨개바탕의 뒤쪽에 있다. 그 상태로 다음 코를 걸러뜨기 하듯이 오른쪽 바늘에 옮겨서 실을 「뒤에서 앞쪽으로」 옮긴다.
2) 오른쪽 바늘에 옮긴 코를 왼쪽 바늘에 되돌린다. 그 상태에서 뜨개바탕을 뒤집어서 뒷면을 뜰 준비를 한다. 이전 코에는 실이 완전히 감아져 있는 상태이다.

알아두면 좋은 표현과 뜨는 법 (1) 영문패턴 특유의 표현과 뜨는 법

• **뒷면의 warp & turn** (메리야스뜨기의 경우)

1 2

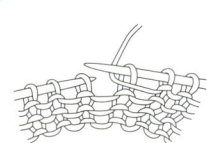 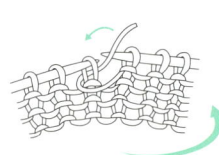

1) 안뜨기로 뜨고 있었기 때문에 실은 뜨개바탕의 앞쪽에 있다. 그 상태로 다음 코를 걸러뜨기 하듯이 오른쪽 바늘에 옮기고 실을 「앞에서 뒤쪽으로」 옮긴다.

2) 오른쪽 바늘에 옮긴 코를 왼쪽 바늘에 되돌린다.
그 상태로 뜨개바탕을 뒤집어서 다음 겉면을 뜰 준비를 한다.
이전 코에는 실이 완전히 감아져 있는 상태이다.

• **Picking up the warp** (warp 했던 실을 줍는 방법)

겉면일 경우

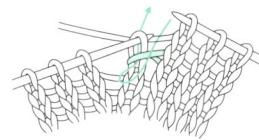

Warp 했던 실의 아래쪽에서 바늘을 넣어서 본래 뜰 코와 함께 겉뜨기를 한다.

뒷면일 경우

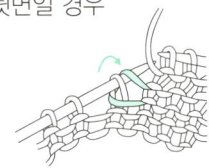

뒷면에서는 warp를 구별하기 어려우므로 먼저 warp인 것을 뜨개바탕의 겉면에서 확인해야 한다. 확인한 후에 wrap한 실의 뒤쪽 고리를 뒤에서 앞으로 떠올려서 왼쪽 바늘에 옮긴 후 같이 안뜨기 한다.

※ warp & turn에서 실을 감는 방법은 위에서 서술한 방법 이외에도 코를 오른쪽 바늘에 옮기기 전에, 겉면에서는 실을 뒤쪽에서 앞으로, 뒷면의 경우에는 실을 앞에서 뒤쪽으로 이동시키고 그 후에 코를 오른쪽 바늘에 옮겨서 실을 감는 방법이 있다.
두 가지 방법 모두 warp & turn으로 소개된 방법이다.
여기서는 내가 주로 사용하는 방법을 소개하였다.

쓸모가 많은 i-cord

장갑 바늘 2개로 3코 겉뜨기를 하고, 뜨개바탕을 뒤집지 않고 바늘의 왼쪽 끝에 있는 코를 오른쪽 끝으로 옮겨서 다음 단을 뜬다. 3~5코로 뜨는 것이 일반적이다.
이것을 반복하여 원하는 길이까지 뜨는 코드(끈)이다. 이 책의 p142 패턴「i-cord를 떠서 입힌 패치워크 문양의 옷걸이」에 사용하는 방법이다.

코바늘 뜨기 할 때 편리한 기본코 만들기 — fsc와 fsd

코바늘뜨기의 기본코 만들기는 보통 사슬뜨기로 많이 한다.
하지만, 사슬뜨기로 기본코를 만들면서 다음 단의 짧은뜨기 또는 한길긴뜨기를 동시에 뜰 수 있는 방법도 있다. 이렇게 하면 사슬뜨기 기본코가 모자라서 다시 떠야 하는 일은 없을 것이다. 반대 방향으로 뜨는 것도 가능하고, 일반적인 사슬

알아두면 좋은 표현과 뜨는 법 (1) 영문패턴 특유의 표현과 뜨는 법

뜨기로 만든 기본코보다 신축성도 있다.
여기서는 「한 번에 사슬뜨기와 짧은뜨기를 뜨는 법」과 「한 번에 사슬뜨기와 한길 긴뜨기를 뜨는 법」 두가지를 소개한다.

• Foundation single crochet (fsc)
사슬뜨기 기본코와 함께 짧은뜨기를 동시에 뜨는 법

1) 사슬을 2코 만든다.
2) 바늘을 첫번째 코의 사슬에 넣어 실을 잡아당긴다.
   다시 한번 실을 걸어서 1코만 잡아뺀다(그림 1).
3) 다시 한번 실을 걸어서 바늘에 걸려있는 2 코 전부 잡아뺀다(그림 2).
   이렇게 하면 사슬 1코와 짧은뜨기 1코가 완성된다.
4) 다음 코는 사슬의 겉쪽 반코와 사슬코 산 사이에 바늘을 넣는다.
5) 위의 2)~4)의 순서를 필요한 만큼 반복한다.

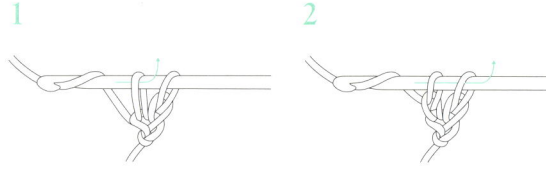

• Foundation double crochet (fdc)
사슬뜨기 기본코와 한길긴뜨기를 동시에 뜨는 법

1) 사슬을 3코 만든다
2) 한길긴뜨기 할 때처럼 바늘 끝에 실을 걸고, 바늘에 걸려 있는 사슬에서부터 3번째 코에 바늘을 넣어서 실을 잡아당긴다.
3) 다시 한번 실을 걸어서 1코만 잡아뺀다(이 부분이 사슬뜨기 기본코).
4) 한길긴뜨기 부분을 뜨기 위해서 다시 한번 실을 걸어서 2 코를 잡아뺀다(그림 1).
5) 그다음 다시 한번 실을 걸어서 2코 잡아뺀다.
   이것으로 사슬 1코와 한길긴뜨기 1코가 만들어진다.
6) 다음 코는 사슬의 겉쪽 반코와 사슬코 산 사이에 바늘을 넣어서 2)~5)의 순서를 필요한 콧수 만큼 반복한다(그림 2~5).

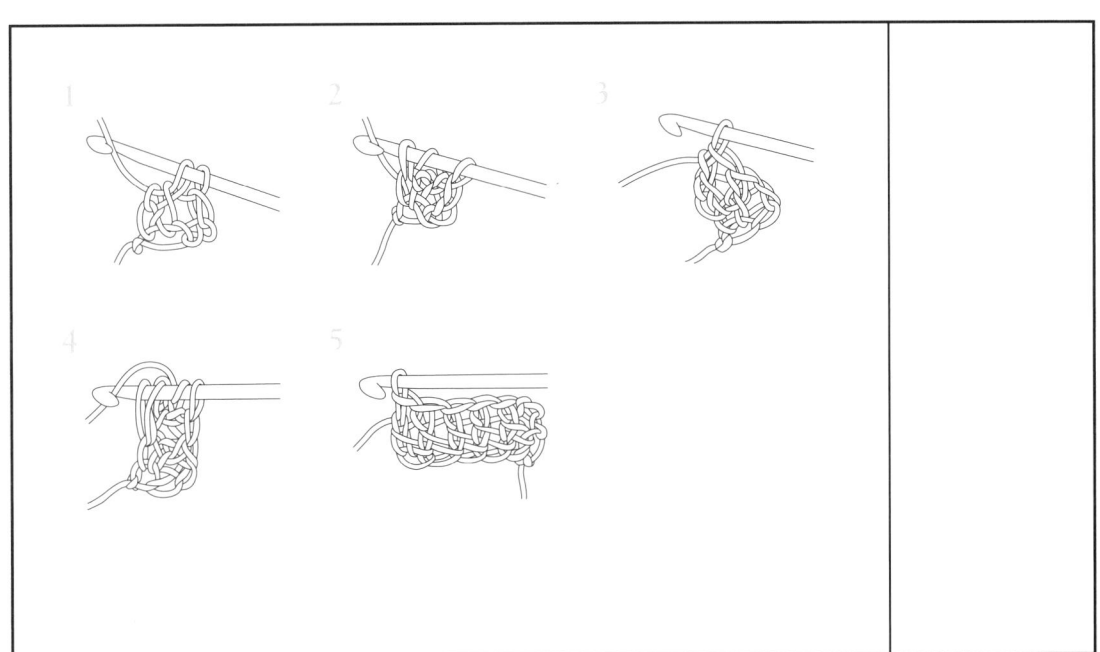

알아두면 좋은 표현과 뜨는 법

(2) Casting on (대바늘 기본코 만들기)

Long tail cast on (손가락으로 코만들기)

많이 사용하는 일반적인 코만들기 방법이다.

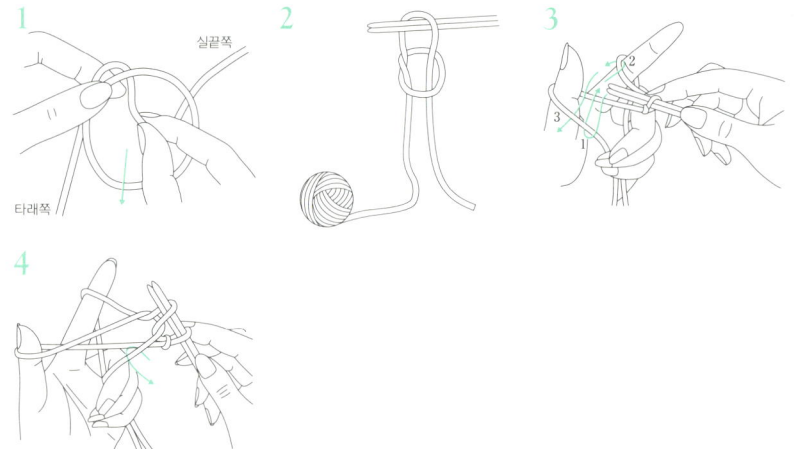

1) 실끝의 여유분을 만들고자 하는 뜨개바탕 너비의 3배 정도의 길이로 남기고 고리를 만든다(그림 1).
   고리 안으로 실끝쪽을 빼내서 slip knot(뜨기 시작하는 첫코)를 만든다.
   실을 잡아당기기 전에 대바늘 2개를 겹쳐서 고리안에 넣는다(그림 2).
2) 실을 잡아당겨서 실끝쪽을 엄지손가락에, 실타래쪽을 검지 손가락에 걸고 그림에 있는 숫자 순서대로 대바늘에 실을 건다.
3) 바늘에 실을 걸면(그림 4), 일단 엄지손가락을 빼내고, 다시 아래쪽 실에 엄지손가락을 넣어서 바깥쪽으로 벌려서 코를 잡아당긴다.
4) 2)와 3)을 반복한다.

Crocheted cast on / Crochet chain cast on (코바늘로 기본코 만들기)

손뜨개의 시작과 끝부분의 느낌을 비슷하게 만들고 싶을 때 좋은 방법이다.
코바늘은 대바늘과 비슷한 굵기의 호수를 사용한다.

1
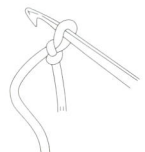

2

Provisional crochet cast on / Chained provisional cast on (별실로 기본코 만들기)

많이 사용하는 방법이다. 나중에 별실을 풀어서 코를 주워 반대 방향으로 뜰 때나 겹단뜨기를 할 때 사용한다.
별실로 사슬을 만들어서 사슬코 뒷산 (back side / bumps of the chain)을 줍는 방법이 일반적이지만, 별실 기본코를 위의 Crocheted cast on 설명에 있는 그림처럼 대바늘에 뜨면 나중에 코를 주워야 하는 수고를 덜 수 있어서 좋다.

1
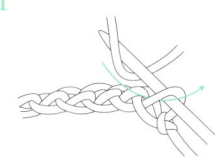

2
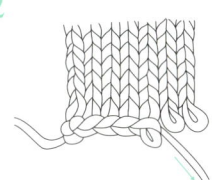

알아두면 좋은 표현과 뜨는 법 (2) Casting on (대바늘 기본코 만들기)

Knitted cast on (뜨면서 만들 수 있는 기본코 1)

느슨하게 만들어지고, 뜨면서 만들 수 있으므로 뜨고 있는 도중에 코늘리기를 할 때 편리하다

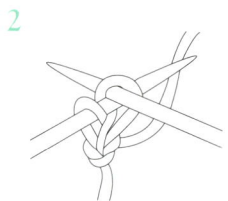

1) slip knot를 만들어(p94 참조) 왼쪽 바늘에 건다.
   오른쪽 바늘을 겉뜨기 하듯이 넣어서 실을 빼내서(그림 1),
   왼쪽 바늘 끝에 빼낸 코를 건다(그림 2).
2) 새로 만든 코에 1)의 순서를 반복한다.

Cable cast on (뜨면서 만들 수 있는 기본코2)

로프같이 튼튼한 느낌의 코를 만들 수 있다. 신축성도 어느 정도 있어서 knitted cast on과 같이 뜨고 있는 도중에 이용하기 좋다.

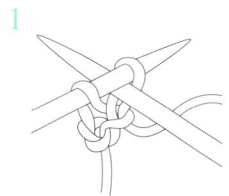
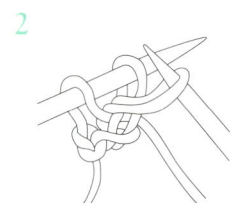
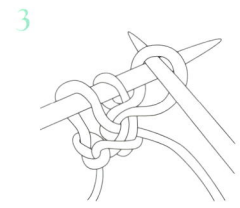

1) Knitted cast on과 같은 방법으로 2코 만들면 첫번째 코와 두번째 코 사이에 오른쪽 바늘을 넣어서(그림 1), 실을 빼낸다(그림 2).
2) 겉뜨기 하듯이 실을 걸어 빼내서, 왼쪽 바늘 끝에 걸어 뺀 코를 건다(그림 3).
3) 새로 만든 코와 그 옆 코 사이에 오른쪽 바늘을 넣어서 똑같이 반복한다.

알아두면 좋은 표현과 뜨는 법

(3) Binding off (코마무리)

Bind off (덮어씌우기)

신축성은 없지만 가장 일반적으로 사용되는 방법이다.
겉뜨기, 안뜨기, 1코 고무뜨기 등 기법에 맞춰서 덮어씌우기도 한다.

- Bind off knitwise / Bind off as if to knit
  (겉뜨기의 덮어씌우기)
- Bind off purlwise / Bind off as if to purl
  (안뜨기의 덮어씌우기)
- Bind off in 1-1 ribbing
  (1코 고무뜨기의 덮어씌우기)

Crochet hook bind off (빼뜨기로 코마무리)

코바늘을 사용해서 코마무리 하는 방법으로 완성된 모습은 덮어씌우기와 같다.

1
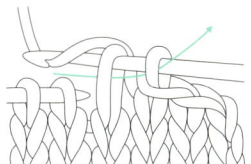

Sewn bind off

돗바늘을 사용하는 방법이다.
신축성이 좋아서 마무리한 끝단을 그대로 사용하는 경우에 편리하다.
마무리할 길이의 약 3배 정도의 실을 남겨둔다.

1 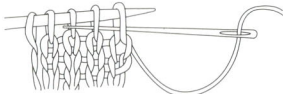 2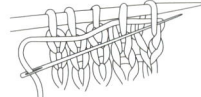

1) 처음의 2코에 오른쪽에서 돗바늘을 넣어서 왼쪽으로 잡아 뺀다(그림 1).
2) 코는 대바늘에 남겨둔 채로 돗바늘을 첫번째 코의 왼쪽에서부터 넣어서 오른쪽으로 잡아 빼내어(그림 2) 그 코를 대바늘에서 뺀다.
3) 1)과 2)의 순서를 반복한다.

Picot edge bind off

마무리한 끝에 피코를 만드는 장식적인 마무리 방법이다.

1) 2코를 덮어씌우기 한다.
2) 오른쪽 바늘의 1코를 왼쪽에 옮겨서 Cable cast on(p96 참조)의 방법으로 2코를 만든다.
3) 새로 만든 코를 포함해서 5코를 덮어씌운다.
4) 2)와 3)을 반복한다.

<응용>
2)에서 만드는 콧수를 3코로 늘려서 피코를 크게 하거나, 3)의 덮어씌우기 콧수를 늘려서 피코의 간격을 넓게 하거나, 줄여서 간격을 좁히는 것도 가능하다.

i-cord bind off

뜨개바탕의 끝에 i-cord를 파이핑한 것 같이 입체적으로 생기는 장식적인 마무리 방법이다.
샘플 패턴의 Paulie에서도 사용된다(p32).
만들고 있던 뜨개바탕은 마무리하지 않고 그대로 바늘에 남겨 둔다.
다른 색실을 사용해서 응용하는 것도 가능하다. 마무리하는 폭에 비해서 실이 많이 필요하므로 주의가 필요하다.

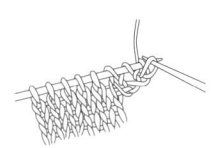 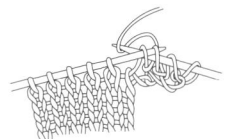 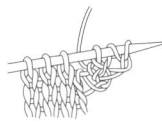

Cable cast on (p96 참조)의 방법으로 3코 만든다.
2코 겉뜨기를 하고(그림 1), 3번째 코는 뜨개바탕 본래의 첫 번째 코와 함께 돌려뜨기를 한다(그림 2).
(오른코 겹쳐 2코 모아뜨기로 하는 방법도 있다. 완성된 모습은 같다.)
새로 뜬 오른쪽 바늘의 3코를 그대로 왼쪽 바늘에 옮긴다(그림 3).
위의 를 반복한다. 마지막에는 덮어씌우기를 한다.

알아두면 좋은 표현과 뜨는 법

(4) Seaming (이어 붙이기)

Three needle bind off (대바늘을 이용한 빼뜨기 잇기)

코가 걸려있는 2개의 바늘과 잇기 위한 3번째 바늘이 필요하다. 우리나라에서는 코바늘을 사용하는 방법이 일반적이다. 간단한 방법이지만 지나치게 실을 당기지 않도록 주의가 필요하다.

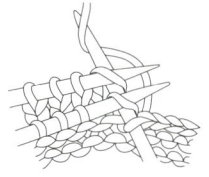

Grafting (메리야스 잇기, 안메리야스 잇기, 가터 잇기)

아직 바늘이 걸려있는 상태의 코를 뜨개바탕에 맞춰서 잇는 방법으로 메리야스 잇기, 안메리야스 잇기, 가터 잇기의 총칭으로 쓰인다.
구별해서 말하는 경우에는
grafting in stockinette stitch 또는 kitchener stitch (메리야스 잇기),
grafting reverse stockinete stitch (안메리야스 잇기),
grafting in garter sitch (가터 잇기)라고 한다.

Slip stitch seam (빼뜨기 잇기/빼뜨기 꿰매기)

뜨개바탕의 겉과 겉이 마주 보도록 한 다음 코바늘로 코와 코를 잇거나 단과 단을 꿰맨다. 간단하고 튼튼하게 완성되지만 두껍게 되기 쉽다.

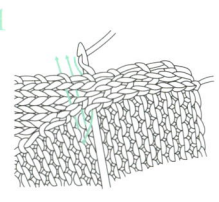 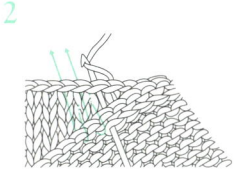 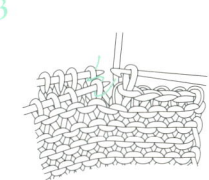

- 단과 단을 꿰매는 경우(그림 1)
- 코와 코를 잇는 경우(그림 2)
- 양쪽 코가 대바늘에 있는 상태에서 코를 잇는 경우(그림 3)

Back stitch seam (박음질 꿰매기)

뜨개바탕을 겉끼리 맞대고 돗바늘로 박음질하듯이 꿰매는 방법이다. 코바늘로 하는 빼뜨기 꿰매기보다는 두껍지 않다.

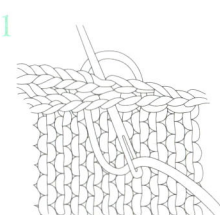

알아두면 좋은 표현과 뜨는 법 (4) Seaming (이어 붙이기)

Whip stitch (감침질로 꿰매기)

두껍게 되지 않고 간단하게 이을 수 있다.

Mattress stitch (돗바늘로 떠서 꿰매기)

1단씩 교대로 뜨기 때문에 완성된 모습이 깨끗하다.

1　　　　　　2

실전편

영문패턴을 뜰 때 자주 하는 질문　　p104 ~ p121

영문패턴을 실제로 떠보자!　　p122 ~ p146

영문패턴을 뜰 때 자주 하는 질문

「마커」를 그다지
사용한 적이 없는데
패턴에 쓰여있는 대로
사용하는 것이 좋을까요?

영문패턴에서는 마커, 그중에서도 콧수 링이 자주 사용된다.
코만들기를 한 후에 「x코 뜨고 마커를 넣는다. 다시 x코 뜨고 마커를 넣는다」라는 식으로 마커를 지정된 위치에 끼우기 위한 단의 설명이 있는 경우도 많다.
귀찮지만 이것이 나중에 중요한 역할을 하게 된다. 뜨다 보면 마커를 기점으로 코늘리기나 코줄이기를 하게 되는 경우가 많기 때문이다.
무엇을 하든지 항상 마커가 기준이 되기 때문에 "어디서부터 코를 줄이면 되더라?" 하면서, 도안에서 콧수를 셀 필요가 없어서 편하다. 쓰여 있는 대로 마커를 넣어 두면 "지시하는 대로 넣어 두길 잘했다"라고 나중에 납득하게 될 것이다.

영문패턴에서 마커의 존재 가치는 우리나라의 「콧수 링」보다 그 의미가 상당히 크다.
그러므로 외국에는 다양하고 예쁜 마커가 많이 있다. 이 책의 p10의 사진과 같이 직접 만들어 보는 것도 즐거운 일이다. 마커에 반짝이는 비즈를 붙이는 것만으로도 기분이 좋아지게 될 것이다.

> 영문패턴에 지정된
> 실과 바늘을 사용하면
> 게이지가 느슨하게
> 나오는 것 같은데…?

영문패턴에 지정된 바늘 굵기는 실보다 약간 굵다고 느껴진다. 뜰 때 빡빡하게 뜨는 사람에게 적당한 경우가 많다.

대바늘의 뜨기의 기본자세로는 주로 「프랑스식」과 「미국식」이라고 불리는 2가지 방법이 있다.
- 「프랑스식」은 코바늘뜨기의 경우와 같이 왼손 검지 손가락에 실을 걸고 뜨는 방법.
- 「미국식」은 한코 한코 오른손으로 실을 바늘에 걸면서 뜨는 방법.

각각의 방법으로 뜬 뜨개바탕을 비교하면 일반적으로 「미국식」으로 떴을 때가 더 빡빡하게 짜진다. 극단적으로는 그 차이는 대바늘 2호 정도가 된다고도 한다.

서양에서는 「미국식」(영어로는 English knitting 또는 right-hand knitting)으로 뜨는 사람이 많다고 한다. 패턴은 디자이너나 테스트 니터(패턴의 검정 작업을 겸해서 떠보는 사람)의 손놀림에 따라 달라지기 때문에 뜨개바탕이 전체적으로 빡빡하게 되는 것 아닐까 추측된다.

「프랑스식」으로 뜨는 경우에는 약간 손놀림이 느슨하므로 영문패턴을 뜰 때는 지정된 바늘보다 약간 얇은 바늘을 사용하는 편이 좋다. 이런 식으로 자신의 손놀림을 계산하면서 게이지를 내면 편하다.

영문 패턴을 꾸준히 뜨다 보면 자신의 손놀림과 패턴에 쓰여 있는 바늘 호수와의 관계성도 조금씩 깨달을 수 있게 된다.

영문패턴을 뜰 때 자주 하는 질문

반복 표현이 다양해서 혼란스러워요.

반복 부분을 합리적으로 정리해서 표현하는 것이 영문 패턴의 한가지 특징일지도 모른다. 익숙해지면 그 합리성에 감탄하게 된다.

반복을 표기할 때는 「*」(별표)로 반복하는 부분의 시작을 표기한다. 끝을 표시하는 기호로는 「*」 이외에 「;」(세미콜론)도 사용된다. 끝을 표시하는 기호는 없고 「rep from ~ XX times」(* 부터의 내용을 XX번 반복한다)라고 rep의 앞까지가 반복되는 내용에 해당하는 경우도 있다.

아래에 자주 볼 수 있는 반복의 표현을 정리해 보았다.

반복의 범위

* ~ ; 또는 * ~ *

같은 단 안에서의 반복을 가리킨다. 기호 안에 있는 부분을 일정 횟수 또는 일정 위치까지 반복할 때에 사용된다. 끝을 표시하는 기호가 없는 경우도 있다.

( )
이 괄호 안에 있는 것을 1세트로 지정한다.

[ ]
이 괄호 안에 있는 것을 반복한다. 그리고 [ ]의 안의 더욱 세세한 반복이 ( )로 표시되어 있는 경우도 있다.

예

k1 p2 repeat between * * twice
= * 부터 * 사이의 내용을 2번 반복한다.

* k1 p2; repeat from * to ;
until 2 sts before end of row
= * 부터 ; 까지의 내용을 단의 마지막 2코 전까지 반복한다.

* k1 p2 repeat from * to end of row
= * 부터의 내용을 단의 마지막까지 반복한다.

* k1, p1. * Repeat * across row
= * 부터의 내용을 그 단 끝까지 반복한다.

(k10, m1) 4 times
= ( )을 4번 반복한다.

그리고 반복에는 횟수가 반드시 필요하다. 횟수 세는 법에도 혼란을 느끼는 경우가 많다. 특히 어떤 내용을 「○번 반복한다」, 「○단마다 뜬다」와 같이 횟수나 단수를 지시하는 표현이 이해하기 어렵다. 아래에 자주 나오는 표현을 정리하였으므로 혼란스러울 때 참조하기 바란다.

횟수

Repeat~times = ~번 반복한다.

예 Repeat this three times
= 이 내용을 3번 반복한다.

Repeat가 붙어 있으면 「이미 한번 뜬 내용을 (다음에) 몇 번 반복한다」라고 하는 것이 된다. 그리고 「Repeat this three times more / three more times」는 「이 내용을 다음에 3번 반복한다」라고 하는 것으로 more가 있어도 의미는 같다. More에 의해서 반복하는 것이 강조될 뿐이다.

Once가 1번, twice가 2번, three times가 3

번이다. 3번 이상은 횟수를 나타내는 숫자에 times(번)가 붙는다.

※ times를 X로 표시하는 경우도 있다.
예 2 x = 2 times

빈도
Every ~ = 모든 ~
예 repeat every row
= 모든 단에서 반복한다.
Every other row = 1단 건너뛰고
예 repeat every other row
= 한단 건너뛰면서 반복한다.
Every XX row = XX 단마다
예 repeat every 6th row
= 6단마다 반복한다.
※ XX에는 순서를 나타내는 숫자가 들어간다.
Every X rows =X 단에 한번
예 repeat every 6 rows
= 6단에 한번(6단마다) 반복한다.

축약어를 읽는 요령이 있나요?

축약어는 ,(쉼표)로 구분되어 있으므로 다음 쉼표까지 하나의 단어로 읽는다. 예를 들면 「K1, K1 tbl, p3」. 첫 번째 K1 뒤에 「,」가 있으므로 「1코 겉뜨기」이다.
다음의 「K1」과 「tbl」의 사이에는 「,」가 없고 띄어쓰기로 되어 있으므로 「K1과 tbl」의 2가지가 1세트라는 것을 알 수 있다.
「K1 (knit 1 stitch) tbl (through back loop) = 1코를 사슬 뒤쪽에 바늘을 넣어서 겉뜨기 한다」, 즉, 「돌려뜨기 한다」는 것이 된다.
이렇게 쉼표와 마침표에서 끊어 읽어가며 해석하면 알기 쉽다.

영문패턴을 뜰 때 자주 하는 질문

> yf, yrn, yo, yfrn은 전부 「바늘비우기」로 번역되어 있는데 어떤 차이가 있나요?

바늘비우기라고 하면 yarn over, 축약어로 yo 라고 쓰여있는 경우가 많다.

하지만 영국 잡지 등에서는 이 바늘비우기를 더 자세히 나타내기 위해 ① yf(yarn forward)、② yrn(yarn round needle)、③ yo(yarn over) 또는 yon(yarn over needle)을 구별하는 경우가 있다.

전부 「바늘비우기」 이지만 바늘비우기를 할 때의 코의 상황이나 다음 코의 종류에 따라 실의 움직임이 달라지기 때문에, 설명을 도와주기 위해 다음과 같이 자세하게 구별한다. 특히 미국식으로 뜨는 사람들에게 편리한 정보이다.

① yf 또는 yfwd(yarn forward)
⇒ 겉코와 겉코 사이의 바늘비우기

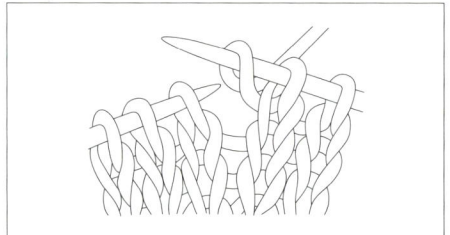

겉뜨기를 한 후의 실은 뒤쪽에 있으므로, 바늘비우기를 하기 위해서 먼저 실을 앞으로 이동시키고 실을 오른쪽 바늘에 걸친 상태로 다음 코를 겉뜨기를 한다.

② yrn(yarn round needle)
⇒ 안코와 안코 사이의 바늘비우기

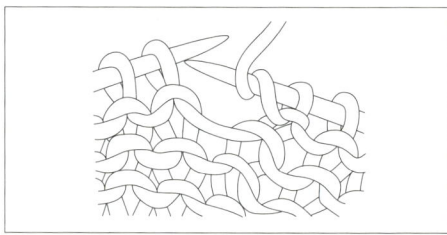

안뜨기를 한 후의 실은 앞쪽에 있으므로, 바늘비우기를 하고 나서 다음 안뜨기를 하기 위해서 바늘에 실을 한 바퀴 감아서 다시 앞쪽으로 나오게 할 필요가 있다.

③ yo(yarn over) 또는 yon(yarn over needle)
⇒ 안코와 겉코 사이의 바늘비우기

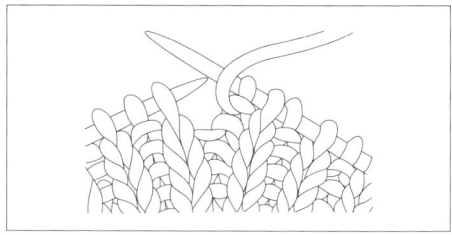

안뜨기를 한 후의 실은 앞쪽에 있으므로, 그대로 바늘에 실을 걸어서 실을 뒤쪽으로 가게 한 후 그대로 다음 겉뜨기를 하면 된다.

④ yfrn(yarn forward round needle)
⇒ 겉코와 안코 사이의 바늘비우기

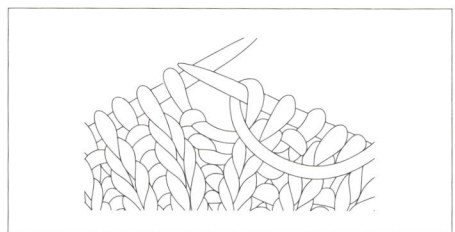

겉뜨기를 한 후의 실은 뒤쪽에 있으므로, 먼저 바늘비우기를 하기 위해서 실을 앞쪽으로 옮

긴 다음 바늘비우기를 한다. 다음 안뜨기를 하기 위해서 다시 실을 앞으로 옮겨서 바늘에 실을 한 바퀴 감아서 다음 안뜨기를 한다.

바늘비우기를 할 때 무의식적으로 실을 옮겨서 뜨고 있지만 이렇게 영국의 자세한 축약어의 의미를 알게 되면 바늘비우기에 대해서 다시금 생각하는 좋은 기회가 될 것이다.

> 교차뜨기의 축약어는 뜨개도안으로 보는 것보다 훨씬 어려워 보여요.

확실히 교차뜨기를 나타내는 축약어는 통일되어 있지 않고 복잡해 보인다.
예를 들면, 「왼코 위 2코 교차뜨기」의 축약어로 「C4B」와 「2/2RC」가 있다. 각각 Cable 4 back과 2 over 2 right cross를 줄인 것이다. 이 축약어를 설명문으로 확인하면 두 가지 모두 다음과 같이 쓰여있다 :
Sl 2 sts onto cn and hold in back, k2 and k2 from cn.
(Slip 2 stitches onto cable needle and hold in back, knit 2 stitches from left needle and then knit 2 stitches from cable needle)

번역하면 다음과 같다 :
「2코를 꽈배기뜨기 바늘에 옮겨서 뜨개바탕 뒤쪽에서 쉬게 한다. (먼저 왼쪽 바늘부터) 2코를 겉뜨기하고 나서 꽈배기뜨기 바늘의 2코를 겉뜨기 한다」

교차 부분의 차트(뜨개도안)가 있는 경우도 있지만, 이 경우에도 표기가 통일되어 있지 않기 때문에 각각의 설명문을 해석해서 교차의 순서를 확인해야 한다.
이것에 비하면 우리나라의 뜨개도안은 「몇코와 몇코의 오른코 위 또는 왼코 위의 교차」인지를 한눈에 파악할 수 있다.

영문패턴 교차뜨기를 할 때는 교차뜨기의 축약어와 차트에 쓰여있는 설명문에서 자주 사용하는 정형문을 이해하면 편리하다.

Sl X st(s) onto cn and hold in front/back, k/p Y and k/p X from cn.
(X와 Y에는 콧수가 들어간다)

축약어를 사용하지 않는 경우는 다음과 같다:
Slip X stitch(es) onto cable needle and hold cable needle in front/back of work, knit/purl Y stitch(es) and knit/purl X from cable needle.

번역하면 다음과 같다:
「X코를 꽈배기뜨기 바늘에 옮기고 뜨개바탕의 앞쪽/뒤쪽에 쉬게 한다. (먼저 왼쪽바늘부터) Y코를 겉뜨기/안뜨기하고 꽈배기뜨기 바늘의 X코를 겉뜨기/안뜨기 한다」

이 정형문에는 다음의 4가지 포인트가 있다.
① 먼저 꽈배기뜨기 바늘에 옮기는 콧수
⇒ X st(s)　(X는 숫자)
② 코를 옮긴 상태의 꽈배기뜨기 바늘의 위치
⇒ front / back
③ 왼쪽바늘에서 몇 코를 겉뜨기 하는지, 안뜨기 하는지
⇒k 또는 p Y st(s) (Y는 숫자)
④ 꽈배기뜨기 바늘에 있는 코를 겉뜨기 할지, 안뜨기 할지
⇒ k/p
이 포인트를 확인해 두면 뜰 수 있다.

그러면, 교차뜨기의 축약어는 왜 이렇게 여러 가지일까?
처음에 예를 들었던 「왼코 위 2코 교차뜨기」=C4B와 2/2RC를 예로 들어 본다.
먼저, C4B는 Cable 4 back을 생략한 것으로 정형문 ② 「꽈배기뜨기 바늘의 위치 (Front / Back)」를 기준으로 한 표기 방법이다. 4코로 만드는 교차뜨기로 꽈배기뜨기 바늘은 「뒤쪽」에 있는 것을 의미한다. 한국어로 말하면 「왼코 위 2코 교차뜨기」 이다. 덧붙이면, C4F는 Cable 4 front, 4코로 만드는 교차뜨기로 꽈배기뜨기 바늘은 「앞쪽」, 즉 「오른코 위 2코 교차뜨기」이다.
이것과는 반대로 2/2RC(2 over 2 right cross)는 「콧수와 교차 방향」 즉 「몇 코와 몇 코가 교차하고, 위가 되는 코가 어느 쪽으로 향하고 있는가(right/left)」라는 점을 기준으로 한다. 이 경우에는 4코가 「2코와 2코」로 명기되어 있어서 의미를 알기 쉽지만, 문제는 한국어의 「왼코 위 교차뜨기」가 right cross로 표현되는 것이다. 우리나라에서는 「교차 부분의 어느 쪽 코가 위로 되는가」를 표현해서 「왼코 위」라고 하지만, 영어에서는 「위가 된 코가 어느 쪽을 향하고 있는지」를 표현해서 「right cross」가 된다.

「왼쪽이 위」라는 것과 「교차 부분의 코가 오른쪽을 향해 있다」는 것은 뜻하는 것이 같지만, 글자만 보면 혼동되기 쉽다.
교차뜨기에서는 아랫쪽의 코가 안코인 경우 등, 여러 가지 요소를 설명할 필요가 있다. 쓰는 사람에 따라서 표현법이 다른 경우도 많으므로 축약어 표기도 여러 가지이다.

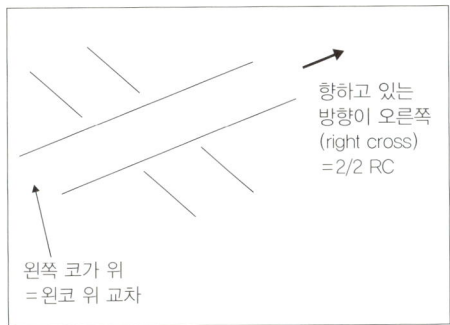

영문 패턴에 익숙하다고 해도 교차뜨기에 있어서는 앞에 소개된 「정형문」의 4가지 포인트를 확인해 두면 안심이 된다. 자주 사용하는 교차뜨기의 축약어는 우측의 예를 참고하기 바란다.

여러 가지 축약어로 표현되는 교차뜨기의 예

• 오른코 위 1코 교차뜨기

1/1LC (1 over 1 Left Cross)

C2F (Cross 2 Front)

Sl 1 onto cn and hold in front, k1, then k1 from cn.

• 왼코 위 1코 교차뜨기

1/1RC (1 over 1 Right Cross)

C2B (Cross 2 Back)

Sl 1 onto cn and hold in back, k1, then k1 from cn.

• 오른코 위 2코 교차뜨기

C4F (Cable 4 Front)

2/2LC (2 over 2 Left Cross)

Sl 2 onto cn and hold in front, k2, then k2 from cn.

• 왼코 위2코 교차뜨기

C4B (Cable 4 Back)

2/2RC (2 over 2 Right Cross)

Sl 2 onto cn and hold in back, k2, then k2 from cn.

줄바늘의 편리한 여러 가지 사용법을 알고 싶어요.

줄바늘은 뜨개바탕의 길이(둘레)에 맞춰서 뜨는 것 이외에도 편리한 사용법이 여러 가지 있다. 우리나라에서도 원통뜨기 이외에 사용하는 경우가 점점 늘고 있다. 그중에 몇 가지를 간단히 소개한다.

• Magic Loop (매직 루프)

우리나라에서도 점차 알려지고 있는 테크닉이다.

소매나 양말같이 콧수가 적은, 좁은 원통을 뜰 때는 일반적으로 사용하는 40cm 줄바늘이 길이가 지나치게 길어서 사용하기가 어렵다. 그런 좁은 원통은 보통은 4개짜리나 5개짜리 장갑바늘을 사용해서 뜨는 경우가 많지만, 사실은 길이 80cm 이상의 줄바늘을 사용해서 뜨는 것도 가능하다.

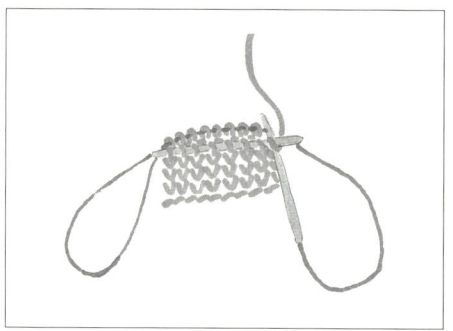

먼저, 원통 전체 절반의 콧수를 각각의 코드의 뒤쪽과 앞쪽으로 나눈다. 그리고 양쪽에서 코드의 남는 부분을 빼내어 전체의 콧수의 절반씩 뜬다.

Two-circulars 또는 Two-circs
(줄바늘을 2줄 사용하는 방법)

좁은 원통뜨기를 할 경우에, 같은 호수의 줄바늘을 2줄 사용하여 뜨는 방법이다. 매직 루프같이 원통 전체 콧수의 절반씩을 한쪽 바늘에 떠나간다. 줄의 길이에 상관없이 뜨는 것이 가능하다.

Traveling Loop 또는 Single Loop
(루프를 옮겨서 사용하는 방법)

이것도 길이가 긴 줄바늘로 좁은 원통을 뜰 수 있는 방법이다. 줄바늘 코드가 남은 부분을 한쪽으로 잡아 빼내고 나서 고리모양으로 만들어 뜨기 때문에 원통의 치수에 비해서 바늘이

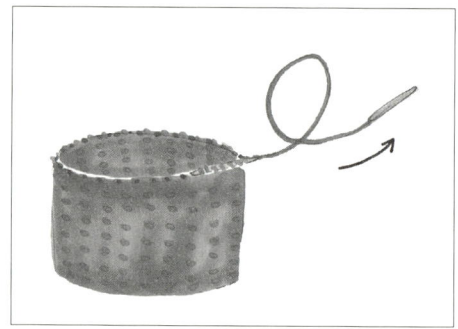

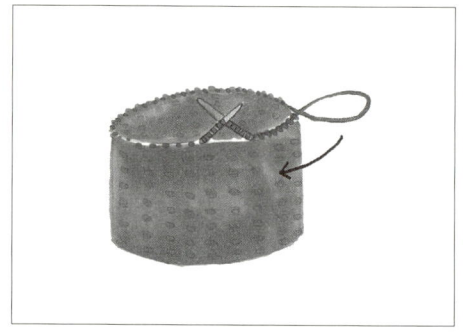

길 때도 사용할 수 있다.
이 방법들은 긴 줄바늘로 양말이나 소매, 모자 등, 바늘 길이보다 좁은 원통을 뜨기 위한 방법이다. 기본은 바로 '큰 것이 작은 것을 겸한다'라는 것이다. 줄바늘을 보다 효율적으로 이용하는 궁리. 여기에 서양 어머니들의 지혜가 들어가 있는 것이다.

여담이지만, 최근에는 바늘 호수를 자유롭게 교환할 수 있거나 코드 길이를 조절할 수 있는 바늘 세트를 자주 볼 수 있지만, 내가 줄바늘을 사용하기 시작했을 무렵에는 이런 편리한 바늘도 없고 각각의 호수와 길이의 줄바늘을 갖추고 있어야 했다. 미국의 털실가게에서 같은 호수의 길이가 다른 바늘을 사려 했을 때 친절한 상점 아주머니가 이렇게 말을 걸어 왔다.
"줄바늘은 각 호수의 가장 긴 것만 있으면 돼요."
줄바늘을 사용하는 일반적인 원통뜨기만 알고 있던 나는 '정말요? 어떻게?'라고 이상하게 생각했지만, 위에서 소개한 방법을 알고 나서야 그분이 말하려던 것을 이해할 수 있게 되었다. 지금은 그 말의 따뜻한 마음 씀씀이를 이해할 수 있게 되었다.

이어 붙이기를 해야 할 곳에 「sew」라고만 쓰여 있어요. 도대체 어떻게 하라는 것일까요?

우리나라에서는 「잇고 꿰매기」의 「잇기」는 「코와 코」를 연결하는 것, 「꿰매기」는 「단과 단」을 연결하는 것으로 2가지가 명확히 분류되어 있다.
하지만 영문패턴에서는 seaming이나 sewing(봉합하다)과같이 한단어로 끝내는 경우가 있다. seam도 sew도 돗바늘이나 대바늘 끝의 예리한 곳을 사용해서 「봉합하는」 것으로 「잇기」도 되지만 「꿰매기」도 되고 단과 코를 연결하는 경우도 있다.
"연결한다고 하지만 도대체 어떻게 하라는 거에요?"라고 질문을 받은 적이 있다. 우리나라 교본에는 어깨 잇기 하나만으로도 빼뜨기 잇기, 덮어씌워 잇기, 박음질 꿰매기 등 여러 가지 기법이 실려있고, 뜨개 기법의 설명 속에 꿰메는 법, 잇는 법이 명확히 지시된 경우가 많기 때문이다.

영문패턴으로 뜨는 경우에는 유연하게 대응하면 된다. 하기 쉬운 방법이나 상황에 적합한 방법을 스스로 선택하도록 한다(반드시 방법을 지정해야 할 필요가 있을 때는 영문 패턴에도 명확히 쓰여있다).

잇기, 꿰매기의 대표적인 방법에 대해서는, 이

영문패턴을 뜰 때 자주 하는 질문

책의 pp.100~102에 설명하고 있으므로 참조한다.

> 마무리가 그렇게 중요한가요?

"Finishing makes homemade handmade"라는 말이 있다. "마무리를 잘하면 초보자 같은 느낌이 없고 완성도가 높은 멋진 작품이 된다"라는 의미이다.

마무리에 쏟는 정성은 아끼지 않고 중요하게 여길수록 좋은 작품을 만들 수 있다. 마무리는 제작 공정의 마지막 단계이다. 마지막 과정이라 귀찮을 수 있지만 끝까지 최선을 다해서 노력해 보자.

한마디로 finishing(마무리)라고 해도 seaming(이어 붙이기)나 blocking(블로킹) 등 여러 가지 공정이 있다.

· 이어 붙이기

이어 붙이기를 하는 단계가 되면 '빨리 마무리하고 싶다!'라고 초조한 마음이 생기지만, 마음의 여유를 가지고 시간을 들여서 제대로 작업하도록 한다. 하고 나면 나중에 시간을 들여서 하길 잘했다고 스스로 납득하게 될 것이다.

· 블로킹

「블로킹」은 영문패턴의 마무리 단계에서 '반드시'라고 해도 좋을 정도로 자주 등장하는 용어이다. 우리나라에서는 익숙하지 않지만 말하자면 「마무리 다림질」에 해당한다. 블로킹에 대해서는 다음 페이지에서 자세히 설명하지만 스팀다리미의 효과는 정말 좋다. 나 자신도 뜨개질을 처음 배우기 시작했을 때 스팀다리미의 위력에 깜짝 놀랐었다.

예를 들면, '다 떴는데 치수가 좀…'라는 경우나 '뜨개바탕이 들쑥날쑥…'이라고 생각될 때 스팀다리미만 있으면 어떻게든 해결되었다. 외국의 작가들도 "Steam make magic!"(스팀은 마법과 같다!)라고 말할 정도이다.

익숙해지기까지는 불안하고 당황스러울지도 모르지만, 마무리는 꼭 스팀다리미를 사용해 보도록 하자!

「블로킹」이란?

영문 패턴에서 마무리에 대한 지시 중에 자주 나오는 것이 블로킹(blocking)이다.
이것은 다 뜬 뜨개바탕이나 작품을 물에 가볍게 적시거나, 스팀을 쐬어서 줄어 있는 뜨개바탕을 늘어나게 해서 치수를 맞게 하거나 모양을 정리하거나 들쑥날쑥한 뜨개바탕을 안정시키는 공정을 가리킨다.
블로킹은 마무리 중에서도 매우 중요한 포인트이다. 외국에서는 "블로킹을 하지 않는 사람에게는 레이스 숄을 뜰 자격이 없다"라는 농담이라고 무시하기엔 불문율처럼 느껴지는 말이 있다.

일반적으로 「블로킹」에는 물에 적시는 wet blocking과 스팀을 쏘이는 steam blocking이 있다. 그리고, 젖은 타올 위에 덮고 다리미질을 하는 wet-towel blocking이라는 방법도 있다. 서양 서적이나 인터넷에서는 blocking이라고 하면 대부분의 경우 wet blocking을 가리킨다.
물에 적시는 것은 '실을 부드럽게 한다', '오염물이나 남은 염료를 씻어낸다', '섬유 특유의 냄새를 없앤다' 등의 이유가 있다.
이러한 것은 대부분이 외국의 털실 제조 공정과 관련되어 있다. 우리나라 털실의 경우에는 오염물이나 냄새 등을 제조사에서 처리한 후 유통하기 때문에 우리나라에서 블로킹이라고 하면 steam blocking 즉 「마무리 다리미질」을 주로 떠올린다. Wet-towel blocking은 다리미의 스팀 기능이 없을 때 편리하다.
외국산 실을 사용할 때에는 반드시 wet blocking을 하도록 한다.

일반적인 물에 적시는
블로킹(wet blocking)의 순서는:
① 체온 정도의 미지근한 물에 뜨개바탕이나 완성품을 적신다. 손으로 억지로 누르지 말고 자연스럽게 수분이 흡수되도록 한다. 때에 따라서는 30분에서 한 시간 정도 걸리기도 한다.

② 물에서 꺼내면 타올 등으로 말아서 수분을 정성스럽게 제거한다. 절대로 억지로 짜지 않도록 한다.

※①의 과정에서 미지근한 물에 울 워시(wool wash)를 풀어도 된다. 울 워시는 울 전용의 헹굼이 필요 없는 세제이다. 깨끗해지게 하고 향기를 더해서 방충효과가 있는 것도 있다. 주로 수입품이 많으므로 외국 제품을 취급하는 털실가게나 인터넷 숍에서 구입할 수 있다.

이 과정은 일반적인 스웨터나 숄, 뜨개바탕의 경우에 해당된다. 페어아일 니트와 같이 완성된 작품을 수축시키는 공정도 「블로킹」이라고 한다.
이 경우에는 물에 적실 때 온도 차를 이용하고 약간 마찰을 시키는 것으로 「완성된 치수」에 맞추고, 특유의 독특한 느낌이 나도록 수축시

영문패턴을 뜰 때 자주 하는 질문

키는 것을 목적으로 한다.
물에 적신 후, 수분을 뺀 다음에는 필요에 따라서 핀을 꽂아 자연 건조시킨다. 옷은 본래의 치수에 맞게, 숄 등은 모양이나 형태를 정리할 수 있도록 핀을 꽂아 수평으로 건조시킨다.
이때 핀을 꽂는 받침대로 아이들용 놀이 매트를 사용하면 젖은 것을 올려놓아도, 핀을 꽂아도 괜찮다. 또는 베니어합판에 퀼트면을 씌워서 블로킹 보드를 제작하는 방법도 있다. 주거 공간에 여유가 있다면 방하나를 블로킹 전용 공간으로 쓰는 경우도 있다. 여러분의 아이디어를 활용하여 블로킹을 해보도록 하자.
기성품으로도 양말 모양의 양말 블로커나 페어아일 스웨터에 맞춰서 T자 모양으로 씌워서 사용하는 울보드 등 블로킹을 위한 여러 가지 아이템이 판매되고 있다.
덧붙이면, steam blocking에 해당하는 「마무리 다림질」도 다리미판 위에서 핀으로 고정한 후에 스팀을 쏜다. 전부 다리미판 위에 올려놓을 수 없는 사이즈일 경우에는 절반씩 다리미질을 한다(얇은 작품은 절반으로 접어서 스팀 다림질을 해도 괜찮다).
가장 주의해야 할 점은 뜨개바탕을 다리미로 힘껏 누르지 않는 것이다. 예쁘게 짜인 실의 느낌이 눌러서 없어지기 때문이다. 스팀을 쏘이는 것이 목적이기 때문에 다리미의 바닥은 살짝 띄운 상태에서 한다.
그리고 물론 소재의 종류에 따라 취급법은 달라지기 때문에 울 이외의 실로 짠 경우에는 블로킹 전에 실의 취급법을 확인해야 한다.

바늘 잡는 방법이나 뜨는 방법은 나라마다 다른가요?

자신의 대바늘 뜨는 방법이 「프랑스식」인지 「미국식」인지는 뜨개질을 하는 사람들 사이에서는 자주 화젯거리가 된다. 「프랑스식」을 영어로는 Continental knitting이라고 하고 「미국식」은 English knitting이라고 한다.
이 2가지가 영어권에서는 주류이지만 세상에는 여러 가지 방법이 있다. 남미에는 뜨개실을 목에 걸고 조정하는 방법도 있다고 한다.

주류인 두 가지 방법을 「프랑스식」 = picking, 「미국식」 = throwing이라고 말하기도 한다.
「프랑스식」으로 뜰 때는 동작이 왼손에 걸려있는 실을 오른쪽 바늘로 「주워 올리는」 것과 같다고 picking, 「미국식」에서는 실을 오른손으로 바늘에 「거는」 동작을 throwing이라고 하는 것이다.

그렇기 때문에 프랑스식으로 뜨는 사람을 picker, 미국식으로 뜨는 사람을 thrower라고 부르기도 한다.
p105에서도 언급한 바와 같이 일반적으로 프랑스식으로 뜨는 사람의 뜨개바탕이 느슨하게 되는 경향이 많다.

외국에는 바늘 종류가 많은데, 선택하는 기준이 있나요?

바늘의 종류는 대바늘이나 코바늘, 줄바늘 등이 있지만, 바늘의 재질도 여러 가지이다.

우리나라에서는 대나무가 일반적이었다. 대나무는 구하기 쉽고 강도도 높고 사용하기 편하므로 대바늘도 줄바늘도 인기가 많다. 하지만 서양에서는 흔하지 않고 귀한 소재이기 때문에 선물로 사가는 사람도 많다.
플라스틱이나 놋쇠로 된 것도 있다. 내 경우에도 플라스틱으로 만들어진 예쁜 색깔의 바늘을 발견하면 종종 사곤 한다.
한편, 우리나라에서는 흔하지 않은 찾아보기 어려운 재질의 바늘이 있다.
대나무 이외의 목재로서는 호두나무나 메이플, 로즈우드(자단), 밤나무, 흑단 등을 사용한 바늘이 있다. 모두 단단한 목재로 대나무와 같이 세월이 흐르면 더 가치를 발하는 소재이다.

그리고, 단면 모양도 여러 가지이다.
바늘이라고 하면 흔히 둥근 단면을 떠올리지만, 외국에서는 심각형이니 사각형, 육각형 단면의 바늘이 있다. 물론 바늘 끝은 연필처럼 뾰족하고 둥글게 되어 있다.
대체로 삼각형이나 사각형, 육각형같이 평평한 면이 있으면 쥐었을 때 손이 편하다고 한다. 나도 몇 개인가 가지고 있지만, 아직 그 장점을 실감할 만큼 많이 사용해 보진 못했다.

줄바늘은 알루미늄이나 놋쇠로 만들어진 것도 많이 볼 수 있다. 개인적으로 자주 사용하는 것은 「대나무」로 만들어진 것이지만, 털실 소재에 따라서 미끄러운 바늘이 편하다고 생각될 때는 금속으로 만들어진 것을 사용하고, 반대로 실이 미끄러우면 금속으로 만들어진 것을 사용하지 않는 식으로 용도를 구별해서 사용한다.
다만, 같은 호수의 바늘로 같을 실을 뜰 경우에도 바늘의 재질에 따라서 게이지가 바뀔 가능성이 있으므로 주의해야 한다. 바늘과 실의 관계(미끄러지기 쉽거나 마찰이 큰 것 등)에 의해 게이지에 미묘한 차이가 생기게 된다.

그 외에도 '금속 재질의 바늘로 뜨면 부딪히는 소리가 난다', '금속 재질의 바늘은 쥐었을 때 감촉이 차갑다', '대나무 바늘은 손의 온기가 쉽게 전해진다' 등도 신경 쓰면서 재질을 선택하는 사람도 있다.
바늘 끝의 예리함도 다양해서 이것은 손뜨개의 뜨는 느낌, 결과적으로 뜨는 속도에도 영향을 많이 미친다.
바늘 끝이 예리하면 코를 줍기 쉽지만, 바늘 끝이 쓸데없이 여기저기 들어가서 실이 쪼개게 되는 경우도 있다.
재질도 예리함도 최종적으로는 개인의 취향에 따라 선택하면 된다.

> 코바늘 패턴에서
> 「받침코」에 대한 기재가
> 없고 기둥코의 콧수도
> 부족한 것 같이 보여요.
> 패턴이 틀린 건가요?

코바늘뜨기를 하려면 필요한 것이 「기둥코」이다.

기둥코는 단을 뜨기 시작할 때에 단을 뜰 높이만큼을 사슬코로 뜨는 것이다. 예를 들면, 짧은 뜨기의 경우에는 기둥코가 1코, 긴뜨기의 경우에는 2코, 한길긴뜨기의 경우에는 3코… 라는 식으로 앞으로 떠 나갈 코의 높이에 따라 사슬코의 개수가 결정된다. 그리고 짧은뜨기 이외에는 기둥코의 코도 1코로 세기 때문에 받침코가 필요하다.

영문으로 된 코바늘뜨기 패턴에서도 기둥코의 개수는 우리나라와 기본적으로 같다. 하지만 「룰」과 다른 케이스도 많이 있다.
'한길긴뜨기인데 기둥코가 2개 있네!'라는 패턴도 있다. 앞뒤가 항상 정확히 맞는 것은 아니다.
그리고, 기둥코의 개수가 맞지 않거나 받침코가 없어도 틀린 것은 아닌 경우도 있다. 패턴의 설명을 읽어보면 의도적으로 기둥코의 숫자를 줄인 경우도 있다.

기둥코의 수를 우리나라에서는 「반드시 그렇게 해야 하는 것」으로 배우지만, 서양에서는 일반론으로 전해질 뿐이다. 즉, '한길긴뜨기의 경우에는 보통 기둥코가 3코이지만 이것을 4코나 5코로 하면 어떻게 될까? 이렇게 기둥코를 약간 응용해 보면 재미있는 디자인이 될 것 같아'라는 식으로 자유롭게 즐기는 경우도 있다.

이렇게 시점을 약간 바꾸는 것만으로도 「수수께끼」를 「즐거운 것」으로 바꾸는 것이 가능하다. 그래도 뜨면서 도무지 자신의 손놀림과 맞지 않거나, 기둥코는 정해진대로 뜨고 싶다는 경우에는 숫자를 자신에게 맞게 바꿔도 상관없다. 다만, 다른 부분에 지장이 없는 것을 확인한 후 변경하는 것이 중요하다.

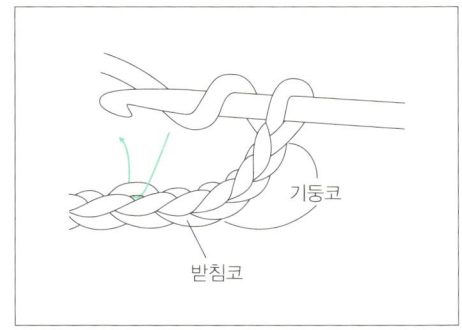

코바늘뜨기의 용어는 미국식 영어와 영국식 영어가 다른가요?

코바늘뜨기의 영문패턴은 대바늘뜨기와 비교하면 뜨개기호를 사용해서 도안으로 쓰여 있는 경우가 많다. 그것도 우리가 쓰는 뜨개기호와 같거나 거의 비슷한 기호가 많아서 우리나라 코바늘뜨기에 익숙한 사람이라면 알기 쉽다.

문장이 아니고 도안이 많은 이유는, 코바늘 패턴에는 문장으로 표현하기 어려운 것이 많고 문장으로 써도 설명이 길어지기 때문이라고 추측된다.

문장으로 패턴이 쓰여있는 경우에는 미국식 영어와 영국식 영어에서 사용하는 용어가 다르므로 주의가 필요하다. 심지어 같은 단어로 다른 뜨는 법을 가리키는 경우도 있다. 용어집에 그 차이를 표시해 두었지만 여기서도 다시 한번 주요한 용어를 정리한다.

패턴 속에 미국식 영어, 영국식 영어의 어느 쪽이 사용되고 있는지는 패턴의 머리글에 「This pattern is written in British terms(이 패턴은 영국식 영어로 쓰여 있습니다)」라는 식으로 명기된 경우가 많다. 그리고, 출판사나 패턴의 디자이너가 활동하고 있는 회사나 나라에 따라 구별할 수도 있다.

미국식 영어와 영국식 영어의 차이는 숫자에 관한 단어에 있다. Single(1개의), double(2배의), treble 또는 triple(3배의) 단어가 「무엇을 가리키는가」라는 점이다.

미국식 영어에서는 아랫단의 코에 바늘을 넣고 나서 코를 뜰 때까지 「바늘에 실을 건 횟수」를 가리킨다.

반대로 영국식 영어에서는 실을 한번 잡아당긴 후에 바늘에 걸려있는 「실의 개수」이다.

「짧은 뜨기」를 예로 설명해 보면, 코에 바늘을 넣은 후에 바늘에 실을 거는 동작은 1회(그림의 ①)이기 때문에 미국식 영어에서는 「single crochet」이 된다. 그리고 코에 바늘을 넣어서

한국어	미국식 영어	영국식 영어
짧은뜨기	single crochet (**sc**)	double crochet (**dc**)
긴뜨기	half double crochet (**hdc**)	half treble crochet (**htr**)
한길긴뜨기	double crochet (**dc**)	treble crochet (**tr**)
두길긴뜨기	triple/treble crochet (**tr**)	double treble crochet (**dtr**)
세길긴뜨기	double treble crochet (**dtr**)	triple treble crochet (**tr tr**)

걸린 실을 일단 잡아당긴 시점에서 바늘에 걸려있는 실은 2개(그림의 ②)이기 때문에 영국식 영어에서는 「double crochet」이다. 한길긴뜨기, 두길긴뜨기 등의 경우에도 같다.

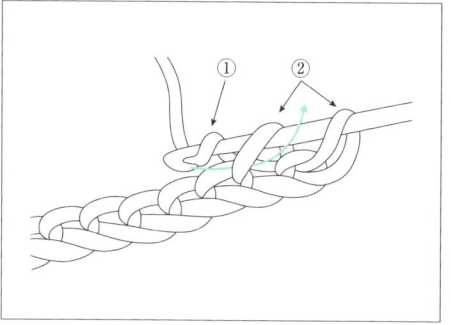

코바늘 잡는 방법도 나라마다 다른가요?

외국에서는 대바늘처럼 코바늘도 잡는 방법이 여러 가지이다. 「기본 방법」이라는 것은 있지만, 다른 「룰」과 같이 '상황에 맞게 또는 기호에 맞게 잡는 방법을 바꿔도 괜찮다'고 생각한다.

코바늘 잡는 방법도 대바늘같이 주로 2가지로 나눠진다.
「knife gripper(나이프 그립퍼 = 나이프 잡기)」와 「pencil gripper(펜슬 그립퍼 = 연필 잡기)」이다.

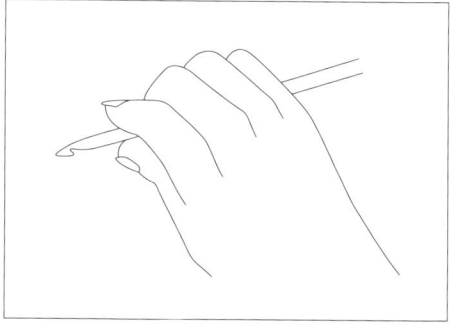

「나이프 그립퍼」는 그 명칭에서 알 수 있듯이 나이프를 잡듯이 코바늘을 잡는 방법이다. 위의 그림과 같이 바늘을 위에서 잡기 때문에 힘을 주거나 컨트롤하기 쉽지만 섬세한 움직임은 어렵다.

굵은 바늘을 사용할 때는 이 방법이 힘을 주기 쉽고 손 근육에도 부담이 덜 간다.

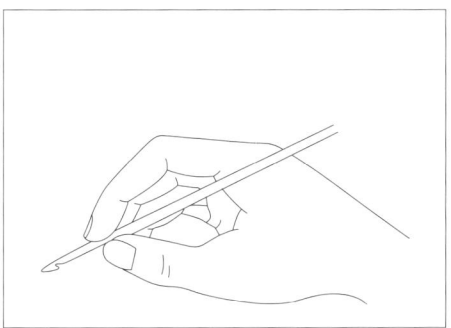

「펜슬 그립퍼」도 그 명칭 그대로 연필이나 펜을 잡듯이 코바늘을 잡는 것이다. 우리나라에서는 이것과 유사한 방법을 많이 사용한다. 바늘을 밑에서 잡기 때문에 섬세한 움직임을 하기 좋다.

나도 본래는 위에서부터 잡는 「나이프 그립퍼」였다. 본격적으로 뜨개질을 배우기 시작하고 교정을 하고 나서 아래에서부터 잡게 되었지만. 지금은 무엇을 뜰지. 어떤 소재로 뜰지에 따라서 구분해서 사용한다.

기본도 중요하지만. 손목이 아프면 안 되기 때문에 지금은 「손 근육에 부담이 덜 가는 것」을 최우선으로 생각하고 있다.

영문패턴을 실제로 떠보자!

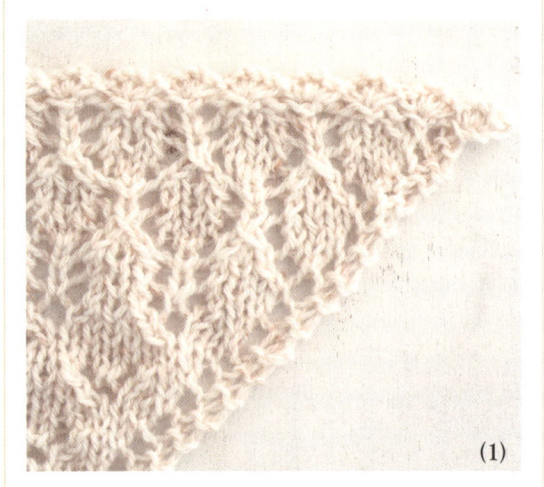

(1)

(2)

(3)

영문패턴을
실제로
떠보자!

(4)

(5)

(6)

(7)

(8)

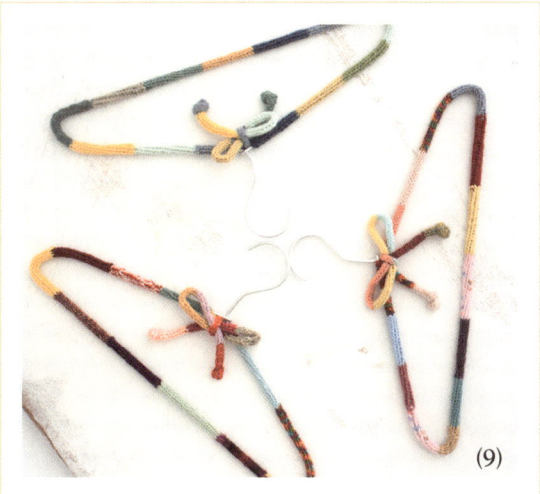

(9)

(10)

(1),(2),(3) : Samonne Shawl ▶p124

※(3)은. blocking을 하기 전 상태이다. 실의 종류나 마무리 방법에 따라 같은 패턴이라도 느낌이 많이 달라진다.

(4),(5) : Window Pane Hat ▶p130

(6),(7) : Gathered Cowl ▶p136

(8) : Zigzag scarf ▶p139

(9) : Patchwork Hanger ▶p142

(10) : Flower-motif Tape Measure Cover ▶p144

Samonne Shawl

Yarn: Hamanaka Sonomono Tweed (color: 71) 3 balls (120g / Approx.330m)
Needle: No.6 (3.9 mm) circular needle (80 cms or longer)
Notions: Four stitch markers, tapestry needle
Gauge: 15 sts, 20 rows in main pattern
Finished size: 120 cms wide, 47 cms long

Stitch Glossary:

2-to-5: K2tog and continue working (yo, k1) twice into the same 2 sts

3-to-5: K3tog and continue working (yo, k1) twice into the same 3 sts

Instructions:

Using provisional crochet chain cast on, co 2 sts and knit 7 rows to make garter stitch tab.

Pick up 3 sts along the side edge and 2 more sts from CO end by removing provisional CO. (7 sts)

Set up row for placing markers (RS): K2, pm, yo, k1, yo, pm, k1, pm, yo, k1, yo, pm, k2 (11 sts)

Next row (WS) and all WS rows: Sl1, k1, purl slipping markers along the way to last m, k2

The following are instructions for RS only. All WS rows are to be worked as mentioned above.

There will be an increase of 4 sts after every RS row.

Row 1: Sl1, k1, *sm, yo, k to next m, yo, sm* k1, rep from * to *, k2 (15 sts)

Row 3: Repeat Row 1. (19 sts)

Row 5: Sl1, k1, sm, yo, k3, yo, ssk, k2, yo, sm, k1, sm, yo, k2, k2tog, yo, k3, yo, sm, k2 (23 sts)

삼각 숄 「새몬느」

사용실: 하마나카 소노모노 트위드 (71번색) 3볼 (120g / 약 330m)

사용바늘: 6호 (3.9mm) 줄바늘 (80cm이상)

도구: 콧수 마커 4개, 돗바늘

게이지: 무늬뜨기 10×10cm가 15코, 20단

완성 치수: 폭 120cm, 길이 47cm

축약어의 해설:

「2코 → 5코」: 왼코 겹쳐 2코 모아뜨기를 뜨듯이 바늘을 넣어서 [겉뜨기1, 바늘비우기, 겉뜨기1, 바늘비우기, 겉뜨기1]을 떠서 2코에서 5코를 만든다.

「3코 → 5코」: 왼코 겹쳐 3코 모아뜨기를 뜨듯이 바늘을 넣어서 [겉뜨기1, 바늘비우기, 겉뜨기1, 바늘비우기, 겉뜨기1]을 떠서 3코에서 5코를 만든다.

뜨는 법:

별실로 기본코 2코를 만든다. 사용실로 7단 겉뜨기를 해서 가터뜨기로 된 가는 끈을 만든다.

그대로 끈의 왼쪽 끝단에서 3코 줍고, 별실로 만든 코를 풀어서 2코 줍는다.

(끈의 3방향에서 코를 주운 상태, 합계 7코)

콧수 마커를 끼우는 준비 단(겉면): 겉뜨기2, 마커 걸기, 바늘비우기, 겉뜨기1, 바늘비우기, 마커 걸기, 겉뜨기1, 마커 걸기, 바늘비우기, 겉뜨기1, 바늘비우기, 마커 걸기, 겉뜨기2 (11코)

다음 단(뒷면)과 이후 뒷면 단 전부: 걸러뜨기 1, 겉뜨기1, 마지막 마커까지 도중의 마커를 오른쪽 바늘에 옮기면서 안뜨기, 겉뜨기2

이 이후의 뜨는 법 설명은 겉면만 기재한다. 뒷면은 위에 서술한 것과 같이 양쪽 끝의 2코 이외에는 안뜨기 한다. 겉면에서는 4코씩 늘린다.

1번째 단: 걸러뜨기1, 겉뜨기1, [마커 옮기기, 바늘비우기, 다음 마커까지 겉뜨기, 바늘비우기, 마커 옮기기], 겉뜨기1, [~]를 반복, 겉뜨기2 (15코)

3번째 단: 1번째 단을 반복 (19코)

5번째 단: 걸러뜨기 1, 겉뜨기1, 마커 옮기기, 바늘비우기, 겉뜨기3, 바늘비우기, 오른코 겹쳐 2코 모아뜨기, 겉뜨기2, 바늘비우기, 마커 옮기기, 겉뜨기1, 마커 옮기기, 바늘비우기, 겉뜨기2, 왼코 겹쳐2코 모아뜨기, 바늘비우기, 겉뜨기3, 바늘비우기, 마커 옮기기, 겉뜨기2 (23코)

Samonne Shawl

Row 7: Sl1, k1, *sm, yo, k2, k2tog, yo, k1, yo, ssk, k2, yo, sm *, k1, work from * to * again, k2 (27 sts)

Row 9: Repeat Row 1 (31 sts)

Rows 11: Sl1, k1, sm, yo, k1, *k2, yo, ssk, k2; rep from * to next m, yo, sm, k1, sm, yo, k1, *k1, k2tog, yo, k3; rep from * to next m, yo, sm, k2 (35 sts)

Row 13: Sl1, k1, sm, yo, *k2, rep [k2tog, yo, k1, yo, ssk, k1] until 1 st before next m , k1*, yo, sm, k1, sm, yo, work from * to * again, yo, sm, k2 (39 sts)

Row 15: Repeat Row 1 (43 sts)

Repeat rows 11 to 16 ten more times (163 sts)

Work lace edging as follows:

Rows 1: Sl1, k1, sm, yo, k1, *k2, yo, ssk, k2; rep from * to next m, yo, sm, k1, sm, yo, k1, **k1, k2tog, yo, k3; rep from ** until next m, yo, sm, k2

Row 3: Sl1, k1, sm, yo, *k2, repeat [k2tog, yo, k1, yo, ssk, k1] until 1 st rem before m, k1*, yo, sm, k1, sm, yo, work from * to * again, yo, sm, k2

Row 5: Sl1, k1, sm, yo, *k3, repeat [k2tog, yo, k1, yo, ssk, k1] until 2 sts rem before m, k2* yo, sm, k1, sm, yo, work from * to * again, yo, sm, k2

Row 7: Sl1, k1, sm, yo, *k1, yo, ssk, k1, repeat [k2tog, yo, k1, yo, ssk, k1] until 3 sts rem before m, k2tog, yo, k1*, yo, sm, k1, sm, yo, work from * to * again, yo, sm, k2

7번째 단: 걸러뜨기1, 겉뜨기1, [마커 옮기기, 바늘비우기, 겉뜨기2, 왼코 겹쳐 2코 모아뜨기, 바늘비우기, 겉뜨기1, 바늘비우기, 오른코 겹쳐 2코 모아뜨기, 겉뜨기2, 바늘비우기, 마커 옮기기], 겉뜨기1, [~]를 반복, 겉뜨기2 (27코)

9번째 단: 1번째 단을 반복 (31코)

11번째 단: 걸러뜨기1, 겉뜨기1, 마커 옮기기, 바늘비우기, 겉뜨기1, 다음 마커까지 [겉뜨기2, 바늘비우기, 오른코 겹쳐 2코 모아뜨기, 겉뜨기2]를 반복, 바늘비우기, 마커 옮기기, 겉뜨기1, 마커 옮기기, 바늘비우기, 겉뜨기1, 다음 마커까지 [겉뜨기1, 왼코 겹쳐 2코 모아뜨기, 바늘비우기, 겉뜨기3]을 반복, 바늘비우기, 마커 옮기기, 겉뜨기2 (35코)

13번째 단: 걸러뜨기1, 겉뜨기1, 마커 옮기기, 바늘비우기, [겉뜨기2, 다음 마커의 1코 전까지 (왼코 겹쳐 2코 모아뜨기, 바늘비우기, 겉뜨기1, 바늘비우기, 오른코 겹쳐 2코 모아뜨기, 겉뜨기1)를 반복, 겉뜨기1], 바늘비우기, 마커 옮기기, 겉뜨기1, 마커 옮기기, 바늘비우기, [~]를 반복, 바늘비우기, 마커 옮기기, 겉뜨기2 (39코)

15번째 단: 1번째 단을 반복 (43코)

11번째 단부터 16번째 단까지를 10번 더 반복 (163코)

테두리 레이스 뜨기:

1번째 단: 걸러뜨기1, 겉뜨기1, 마커 옮기기, 바늘비우기, 겉뜨기1, [겉뜨기2, 바늘비우기, 오른코 겹쳐 2코 모아뜨기, 겉뜨기2] 를 다음 마커까지 반복, 바늘비우기, 마커 옮기기, 겉뜨기1, 마커 옮기기, 바늘비우기, 겉뜨기1, [겉뜨기1, 왼코 겹쳐 2코 모아뜨기, 바늘 비우기, 겉뜨기3]을 다음 마커까지 반복, 바늘 비우기, 마커 옮기기, 겉뜨기2

3번째 단: 걸러뜨기1, 겉뜨기1, 마커 옮기기, 바늘비우기, [겉뜨기2, (왼코 겹쳐 2코 모아뜨기, 바늘비우기, 겉뜨기1, 바늘비우기, 오른코 겹쳐 2코 모아뜨기, 겉뜨기1)를 마커 1코 전까지 반복, 겉뜨기1], 바늘비우기, 마커 옮기기, 겉뜨기1, 마커 옮기기, 바늘비우기, [~]을 반복, 바늘 비우기, 마커 옮기기, 겉뜨기2

5번째 단: 걸러뜨기1, 겉뜨기1, 마커 옮기기, 바늘비우기, [겉뜨기3, (왼코 겹쳐 2코 모아뜨기, 바늘비우기, 겉뜨기1, 바늘비우기, 오른코 겹쳐 2코 모아뜨기, 겉뜨기1)을 마커 2코 전까지 반복, 겉뜨기2], 바늘비우기, 마커 옮기기, 겉뜨기1, 마커 옮기기, 바늘 비우기, [~]을 반복, 바늘비우기, 마커 옮기기, 겉뜨기2

7번째 단: 걸러뜨기1, 겉뜨기1, 마커 옮기기, 바늘비우기, [겉뜨기1, 바늘비우기, 오른코 겹쳐 2코 모아뜨기, 겉뜨기1, (왼코 겹쳐 2코 모아뜨기, 바늘비우기, 겉뜨기1, 바늘비우기, 오른코 겹쳐 2코 모아뜨기, 겉뜨기1) 를 마커 3코 전까지 반복, 왼코 겹쳐 2코 모아뜨기, 바늘비우기, 겉뜨기1], 바늘비우기, 마커 옮기기, 겉뜨기1, 마커 옮기기, 바늘비우기, [~]을 반복, 바늘비우기, 마커 옮기기, 겉뜨기2

Samonne Shawl

Row 9: Sl1, k1, sm, yo, *k3, repeat [yo, sk2po, yo, k3] until m*, yo, sm, k1, sm, yo, work from * to * again, yo, sm, k2

Rows 11-19: Repeat rows 5 to 10 one more time and rows 5 to 7 again. End on RS row. (203 sts)

Row 20 (WS): Knit across to end of row

Row 21 (RS): Work 2-to-5 once, rm, work 3-to-5 to next m, rm, k1, rm, work 3-to-5 to next m, rm, 2-to-5

Bind off knitwise on WS row. Weave in ends and block

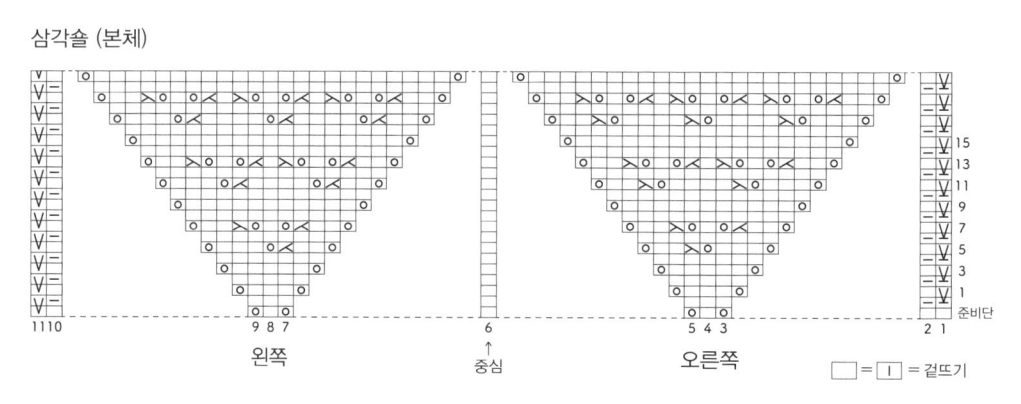

삼각숄 (본체)

9번째 단: 걸러뜨기1, 겉뜨기1, 마커 옮기기, 바늘비우기, [겉뜨기3, (바늘비우기, 오른코 겹쳐 3코 모아뜨기, 바늘비우기, 겉뜨기3)을 다음 마커까지 반복], 바늘비우기, 마커 옮기기, 겉뜨기1, 마커 옮기기, 바늘비우기, [~]를 반복, 바늘비우기, 마커 옮기기, 겉뜨기2

11~19번째 단: 5번째 단부터 10번째 단까지 다시 한번 뜨고, 계속해서 5번째 단부터 7번째 단의 겉면단까지 다시 한번 뜬다. (203코)

20번째 단 (뒷면): 겉뜨기

21번째 단 (겉면): [2코 → 5코], 마커 제거, 다음 마커까지 [3코 → 5코]를 반복, 마커 제거, 겉뜨기1, 마커 제거, 다음 마커까지 [3코 → 5코]를 반복, 마커 제거, 나머지 2코를 [2코 → 5코]

뒷면에서 겉뜨기의 덮어씌우기를 한다. 실정리, 블로킹한다.

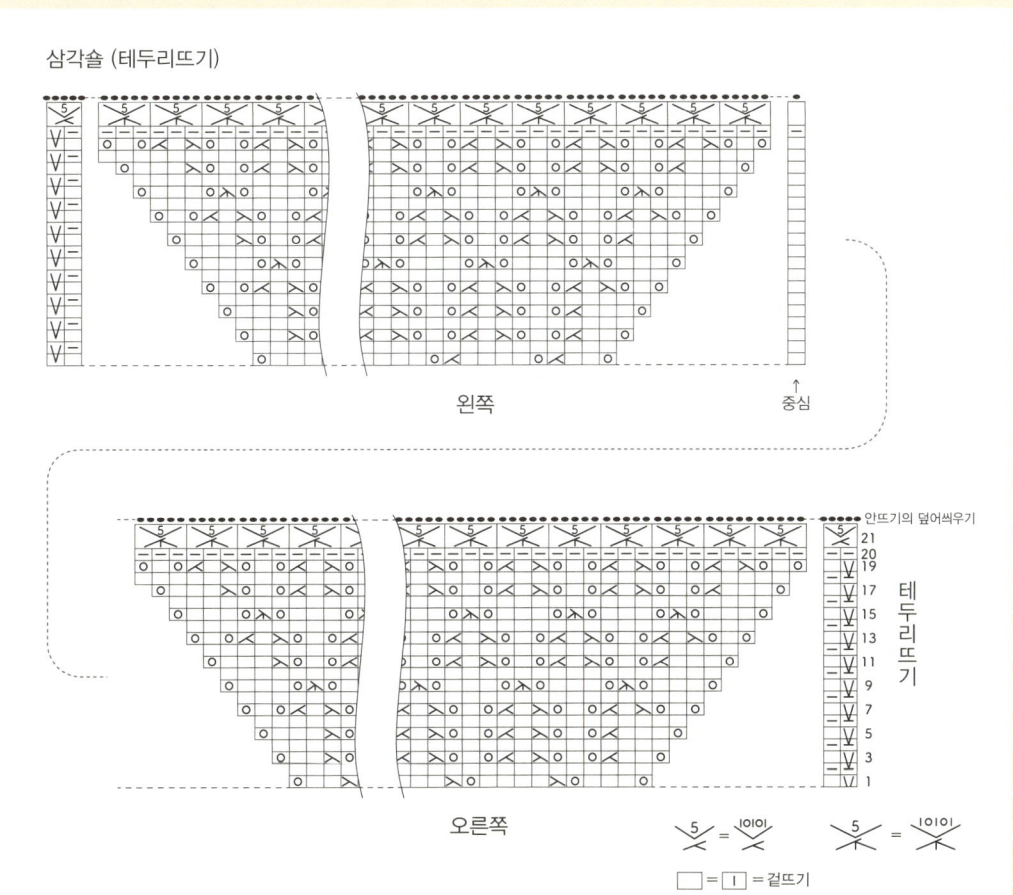

Window Pane Hat

참조		
MC	→	p64
CC	→	p57
pfb	→	p66
s2kpo	→	p69

Yarn: Puppy British Eroika

Main color (MC): Beige (color: 143) 1 ball (50g / Approx. 80 m)

Contrast color (CC): Royal blue (color: 198) 1 ball (50g / Approx. 80 m)

Needles: No.8 (4.5 mm) straight needles, No.10 (5.1mm) circular needle and dpns

Notions: 6 stitch markers, tapestry needle, one 2.2cm button

Finished size: 50 cms head circumference, 23 cms in depth from bottom of brim to top

Window Pane Slip stitch pattern (worked in rounds)

Rnd 1: (MC) *k3, sl1 repeat from * until end of rnd

Rnd 2: (MC) Repeat Rnd 1

Rnd 3: (CC) Knit to end of rnd

Rnd 4: (CC) Purl to end of row

Repeat rnds 1 - 4

Instructions

Brim:

With MC and No.8 needle, co 11 sts.

Knit 6 rows, placing a removable marker at the beginning of the 1st row.

Make button hole on next row: k4, k2tog, yo, k5

Resume knitting in garter stitch until there are 90 garter ridges from cast on edge (180 rows).

Bind off and cut yarn to fasten off.

Pick up stitches and start working in the round for crown:

Lay strip sideways, with the button hole to your right and removable marker at the upper right corner.

With CC and No.10 circ needle, pick up and knit 1 st from each garter ridge along the top edge of the garter strip starting from the marked corner as follows:

*pick up 14 sts, pm; rep from * five more times. (Total 84 sts).

격자무늬 모자

사용실: 퍼피 브리티쉬 에로이카

바탕색: 베이지 (143번 색)

배색: 파란색 (198번 색) 각 1볼 (50g / 약 80m)

사용 바늘: 8호(4.5mm) 대바늘, 10호(5.1mm) 줄바늘과 4개짜리 장갑바늘

도구: 마커 6개, 돗바늘, 지름 2.2cm의 단추 1개

완성 치수: 머리 둘레 50cm, 깊이 23cm

격자무늬 (원통뜨기 할 경우)

1번째 단: (바탕색) [겉뜨기3, 걸러뜨기1]를 단의 마지막까지 반복한다.

2번째 단: (바탕색) 1번째 단과 같은 내용을 반복한다.

3번째 단: (배색) 겉뜨기

4번째 단: (배색) 안뜨기

1~4번째의 1무늬 (4코 4단)를 반복한다.

뜨는 법

모자 챙:

8호 바늘과 바탕색 실로 기본코를 11코 잡는다.

6단 겉뜨기한다 (가터뜨기). 이 때에 첫번째 단의 시작에 단수 마커를 넣는다.

다음 단에서 단추 구멍을 만든다: 겉뜨기4, 왼코 겹쳐 2코 모아뜨기, 바늘비우기, 겉뜨기5

다시 가터 뜨기를 하고, 뜨기 시작한 부분부터 가터뜨기로 180단 뜬다(가터의 산이 90산).

덮어씌우기를 하고 실을 자른다.

코 줍기를 하고 모자의 본체를 원통뜨기 한다:

모자 챙의 뜨개바탕을 단춧구멍이 오른쪽으로, 단수 마커가 오른쪽 위 코너에 오도록 옆으로 뉘어서,

코를 줍는다.

코 줍기는 배색실과 10호 줄바늘을 사용하여 가터 2단에서 1코의 비율로 이하의 요령으로 실시한다:

[코 줍기를 14코, 마커 걸기], [~]를 5번 더 반복한다.   (합계 84코)

Window Pane Hat

6 garter ridges will remain unworked.

Join beginning and end of row to start knitting in the round.

Set up rnd: Cont with CC, *pfb, p to 1 st before m, pfb, sm; rep from * to end of round (Total 96 sts)

Change to MC and begin working Window Pane pattern. Work 6 repeats (24 rnds) in pattern. Remove markers along the way except for BOR marker.

End with CC.

Decrease section (12 sts dec in every decrease rnd.)

Switch to dpn as stitch count decreases.

Cont with CC:

Dec rnd 1:	Remove BOR marker, sl 1 st to RH needle, replace BOR marker. (K13, s2kpo) six times. (84 sts)
Next two rnds:	Repeat (K13, sl1) to end of round.
Dec rnd 2:	Remove BOR marker, sl 1 st to RH needle, replace BOR marker. (K11, s2kpo) six times. (72 sts)
Next two rnds:	Repeat (K11, sl1) to end of round.
Dec rnd 3:	Remove BOR marker, sl 1 st to RH needle, replace BOR marker. (K9, s2kpo) six times. (60 sts)
Next two rnds:	Repeat (K9, sl1) to end of round.
Dec rnd 4:	Remove BOR marker, sl 1 st to RH needle, replace BOR marker. (K7, s2kpo) six times. (48 sts)
Next two rnds:	Repeat (K7, sl1) to end of round.
Dec rnd 5:	Remove BOR marker, sl 1 st to RH needle, replace BOR marker. (K5, s2kpo) six times. (36 sts)
Next two rnds:	Repeat (K5, sl1) to end of round.
Dec rnd 6:	Remove BOR marker, sl 1 st to RH needle, replace BOR marker. (K3, s2kpo) six times. (24 sts)

코를 다 주웠으면 가터가 12단 (6산 분량) 남는다.

그대로 모자챙의 남은 부분을 코 줍기 시작한 곳과 겹쳐서 원통뜨기 한다.

준비 단: 배색실인 채로 [pfb (앞뒤안뜨기로 2코 떠내는 코늘리기), 마커 1코 전까지 안뜨기, pfb, 마커를 오른쪽 바늘에 옮기기], [~]를 단의 마지막까지 반복한다. (합계 96코)

다음 단부터 바탕색실로 바꿔서 「격자무늬」를 뜨기 시작한다. 4단 1무늬인 것을 6무늬 (24단) 뜬다. 무늬가 어느 정도 자리 잡히면 단 시작 마커 이외의 마커는 제거한다.

마지막 단은 배색실로 뜬다.

정수리 부분의 코 줄이기(코줄이기 단에서 12단 줄인다.)

※콧수가 줄어들기 때문에 상황을 보면서 4개짜리 장갑바늘로 교환한다.

계속 배색실로 뜬다.

코줄이기 단 1: 단 시작 마커를 일단 제거하고, 1코를 오른쪽 바늘에 옮기고 마커를 다시 넣는다.
[겉뜨기13, 중심 3코 모아뜨기]를 6번 뜬다. (84코)

다음 2단: [겉뜨기13, 걸러뜨기1]를 단 마지막까지 반복한다.

코줄이기 단 2: 단 시작 마커를 일단 제거하고, 1코를 오른쪽 바늘에 옮기고 마커를 다시 넣는다.
[겉뜨기11, 중심 3코 모아뜨기]를 6번 뜬다. (72코)

다음 2단: [겉뜨기11, 걸러뜨기1] 를 단 마지막까지 반복한다.

코줄이기 단 3: 단 시작 마커를 일단 제거하고, 1코를 오른쪽 바늘에 옮기고 마커를 다시 넣는다.
[겉뜨기9, 중심 3코 모아뜨기]를 6번 뜬다. (60코)

다음 2단: [겉뜨기9, 걸러뜨기1] 를 단 마지막까지 반복한다.

코줄이기 단 4: 단 시작 마커를 일단 제거하고, 1코를 오른쪽 바늘에 옮기고 마커를 다시 넣는다.
[겉뜨기7, 중심 3코 모아뜨기]를 6번 뜬다. (48코)

다음 2단: [겉뜨기7, 걸러뜨기1] 를 단 마지막까지 반복한다.

코줄이기 단 5: 단 시작 마커를 일단 제거하고, 1코를 오른쪽 바늘에 옮기고 마커를 다시 넣는다.
[겉뜨기5, 중심 3코 모아뜨기]를 6번 뜬다. (36코)

다음 2단: [겉뜨기5, 걸러뜨기1] 를 단 마지막까지 반복한다.

코줄이기 단 6: 단 시작 마커를 일단 제거하고, 1코를 오른쪽 바늘에 옮기고 마커를 다시 넣는다.
[겉뜨기3, 중심 3코 모아뜨기]를 6번 뜬다. (24코)

Window Pane Hat

Next two rnds: Repeat (K3, sl1) to end of round.

Dec rnd 7: Remove BOR marker, sl 1st st to RH needle, replace BOR marker. (K1, s2kpo) six times. (12 sts)

Next two rnds: Repeat (K1, sl1) to end of round.

Last dec rnd: K2tog around. 6 sts remaining.

Cut yarn leaving a 10" (25 cms) tail. With tapestry needle, draw tail through rem sts and fasten tight.

Weave in ends. Sew button onto the remaining end of the brim, underneath the buttonhole.

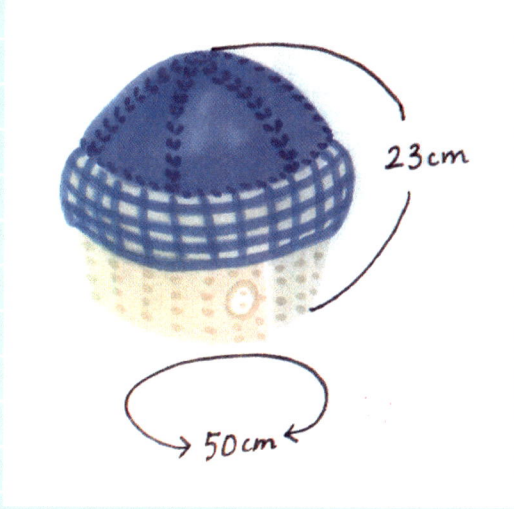

다음 2단: [겉뜨기3, 걸러뜨기1] 를 단 마지막까지 반복한다.

코줄이기 단 7: 단 시작 마커를 일단 제거하고, 1코를 오른쪽 바늘에 옮기고 마커를 다시 넣는다.

[겉뜨기1, 중심 3코 모아뜨기]를 6번 뜬다. (12코)

다음 2단: [겉뜨기1, 걸러뜨기1] 를 단 마지막까지 반복한다.

마지막 코줄이기 단: 왼코 겹쳐 2코 모아뜨기를 단의 마지막까지 반복한다. (6코)

실끝을 약 10인치(25㎝) 남기고 실을 자른다. 돗바늘로 실끝을 남은 코에 넣어서 풀어지지 않게 묶는다.

실정리를 한다.

모자챙의 코줍기를 하지 않은 부분에 단춧구멍 위치를 맞춰서 단추를 단다.

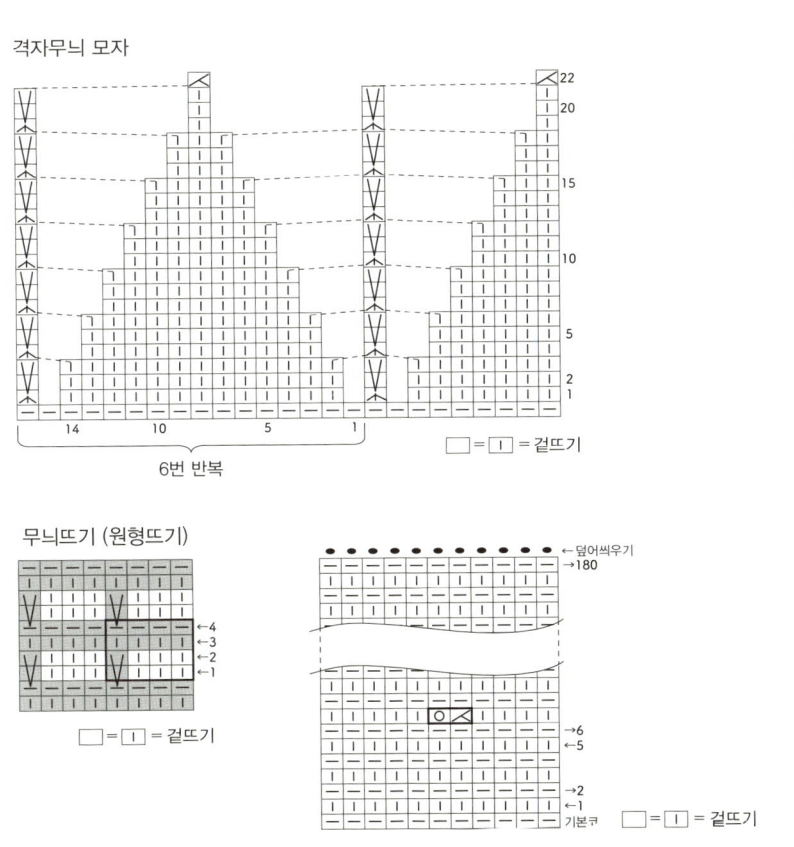

Gathered Cowl

Yarn: NIKKE VICTOR YARN Pure alpaca   (Color: 92 Magenta / 51 Beige)
4 balls (160 g / 440 m)

Needle: No.4 (3.3 mm) and No.6 (3.9 mm) straight needles, tapestry needle

Gauge: 40sts = 10 cms, 14 rows = 4.75 cms

Finished size: 20 cms in width, 114 cms in circumference

Stitches:

Stockinette stitch: Knit on RS rows and purl on WS rows.
Garter stitch: Knit on both RS and WS rows.

참조
kfb → p63
k2tog → p62

Instructions:

Cast on 40 stitches with smaller needle.

Knit 2 rows. (Garter stitch)

Row 1 (RS): Switch to larger needle, and kfb to end of row. (Total 80 sts)

Rows 2-8: Work in stockinette stitch, ending with WS row.

Row 9 (RS): Switch to smaller needle, and k2tog to end of row. (Total 40 sts)

Rows 10-14: Knit in garter stitch, ending with WS row.

Repeat rows 1 – 14 twenty two times more, or until desired length.

Work Rows 1 – 11 once more.

Bind off on WS. Sew cast on row together with bind off row using your method of choice.

Weave in ends.

//

Gathered Cowl

주름 장식이 있는 스누드

사용실: 니케 빅터 퓨어 알파카 (92번 색, 진한 핑크 / 51번 색, 오프 화이트)
4볼 (160g / 440m)

사용바늘: 4호 (3.3mm)와 6호 (3.9mm) 대바늘, 돗바늘

게이지: 40코 = 10cm, 14단 = 4.75cm

완성치수: 폭 20cm, 둘레 114cm

무늬뜨기:

메리야스뜨기: 겉면: 겉뜨기, 뒷면: 안뜨기

가터뜨기: 겉면과 뒷면: 둘 다 겉뜨기

뜨는 법:

4호 바늘로 기본코를 40코 만든다.

겉뜨기로 2단 뜬다. (가터뜨기)

1번째 단 (겉면): 6호바늘로 바꿔서 단의 마지막까지 kbf로 코늘리기를 하면서 뜬다. (합계 80코)

2~8번째 단: 메리야스뜨기를 한다. 마지막 8번째 단에서는 안뜨기로 끝난다.

9번째 단 (겉면): 4호 바늘로 바꿔서 단의 마지막까지 왼코 겹쳐 2코 모아뜨기를 한다. (합계 40코)

10~14번째 단: 가터 뜨기를 한다. 마지막 14번째 단은 안뜨기로 끝난다.

1~14번째 단까지 22번 더 (또는 원하는 길이까지) 반복한다.

1~11번째 단까지 다시 한번 뜬다.

다음 뒷면에서 덮어씌우기를 한다.

뜨기 시작 부분과 마지막을 휘갑치기 한다(또는 원하는 방법으로 잇는다). 실정리를 한다.

영문패턴을 실제로 떠보자!

Gathered Cowl

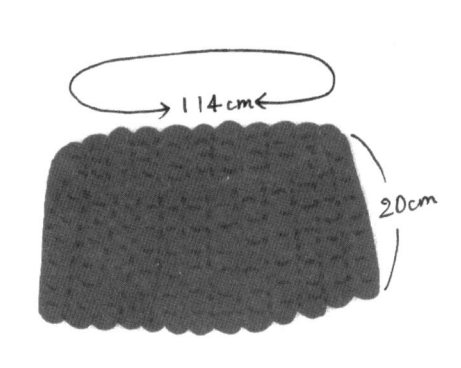

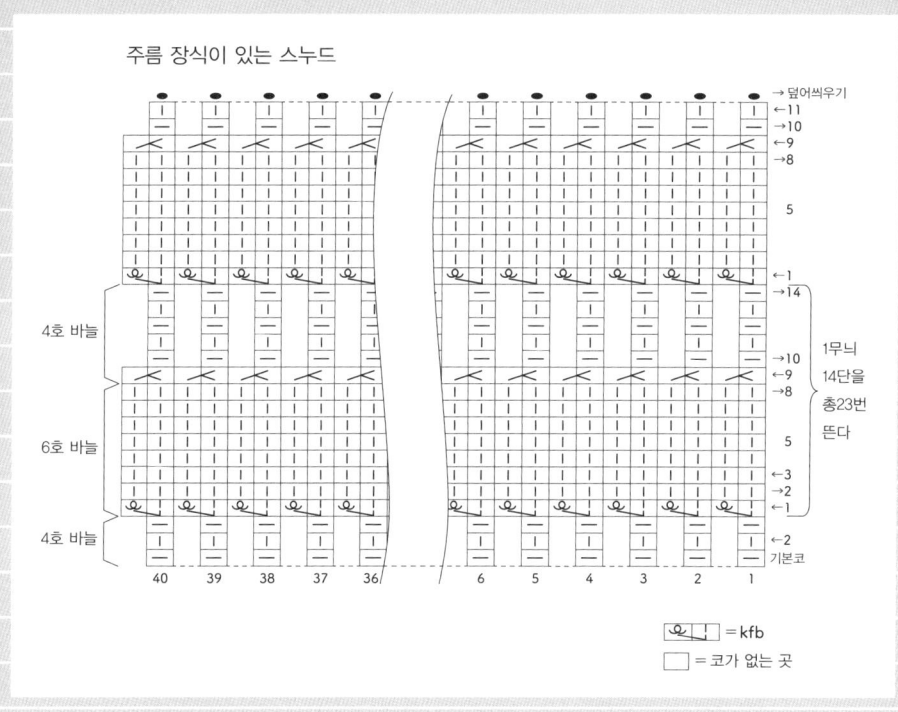

주름 장식이 있는 스누드

Zigzag scarf
지그재그 무늬 스카프

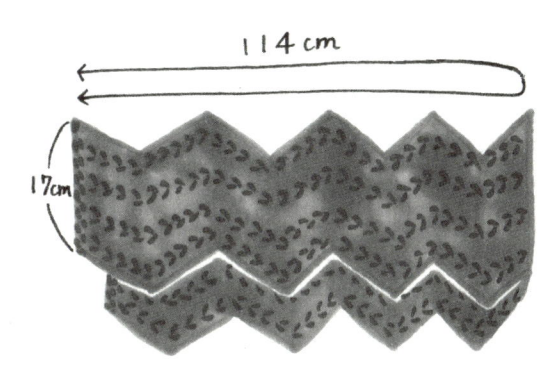

지그재그 무늬 스카프

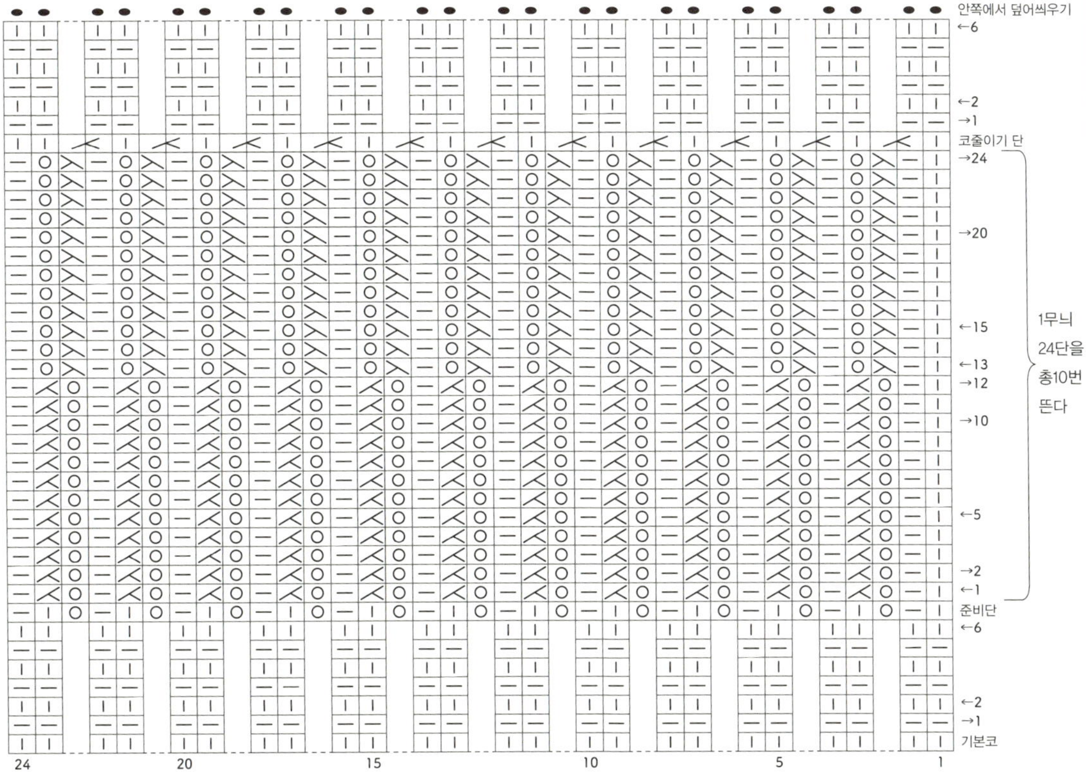

1무늬 24단을 총 10번 뜬다

안쪽에서 덮어씌우기

준비단

기본코

☐ = 코가 없는 곳

Zigzag scarf

Yarn: Brooklyn Tweed SHELTER (color: Faded Quilt) 2 skeins (100 g / Approx. 255 m)

Needles: No.8 (4.5mm) straight needles

Notions: Tapestry needle

Gauge: 20sts: 10cms, 24 rows: 12 cms

Finished size: Width 17 cms, length 114 cms

참조		
k2tog	→	p62
p2tog	→	p66
ssk	→	p70
ssp	→	p70

Instructions

CO 24 sts using crochet cast on method. Knit 6 rows.

Zigzag pattern begins: (Note: The stitch count will increase during the pattern.)

Set up row (WS): K1, p1, *yo, k1, p1; repeat from * to end of row. (35 sts)

Rows 1, 3, 5, 7, 9, 11:

 K1, p1, *yo, k2tog, p1; repeat from * to end of row.

Rows 2, 4, 6, 8, 10, 12:

 *K1, p2tog, yo; repeat from * until 2 sts remain, k1, p1.

Rows 13, 15, 17, 19, 21, 23:

 K1, p1, *ssk, yo, p1; repeat from * to end of row.

Rows 14, 16, 18, 20, 22, 24:

 *K1, yo, ssp; repeat from * until 2 sts remain, k1, p1.

Repeat these 24 rows 9 more times or until work is at desired length.

Dec row (RS): K1, (k2tog, k1) 11 times, and end with k1. (24 sts)

 Knit 6 rows. BO and weave in ends.

지그재그 무늬 스카프

사용실: 브루클린 트위드 [쉘터] (색: 페이디드 퀼트) 2타래 (100g / 255m)

사용 바늘 8호 (4.5mm) 대바늘

도구: 돗바늘

게이지: 본체 부분 20코 10 cm, 24 단 12cm

완성 치수: 본체 폭 17cm, 길이 114cm

뜨는 법

코바늘로 24코 기본코를 만든다. 겉뜨기로 6단 뜬다.

지그재그 무늬를 뜨기 시작한다 (주의: 무늬 부분은 코수가 늘어난다).

준비 단(뒷면): 겉뜨기1, 안뜨기1, [바늘비우기, 겉뜨기1, 안뜨기1], [~]를 단의 마지막까지 반복한다. (35코)

1, 3, 5, 7, 9, 11번째 단:

겉뜨기1, 안뜨기1, [바늘비우기, 왼코 겹쳐 2코 모아뜨기, 안뜨기1], 단의 마지막까지 [~]을 반복한다.

2, 4, 6, 8, 10, 12번째 단:

[겉뜨기1, 왼코 겹쳐 2코 모아 안뜨기, 바늘비우기], [~]를 단의 마지막 2코 남을 때까지 반복한다. 마지막은 겉뜨기1, 안뜨기1

13, 15, 17, 19, 21, 23번째 단:

겉뜨기1, 안뜨기1, [오른쪽 겹쳐 2코 모아뜨기, 바늘비우기, 안뜨기1], [~]을 단의 마지막까지 반복한다.

14, 16, 18, 20, 22, 24번째 단:

[겉뜨기1, 바늘비우기, 오른코 겹쳐 2코 모아 안뜨기], [~]를 단의 마지막 2코 남을 때까지 반복한다. 마지막은 겉뜨기1, 안뜨기1

이 24단을 9번 (또는 원하는 길이까지) 더 반복한다.

코줄이기 단(겉면): 겉뜨기1, [왼쪽 겹쳐 2코 모아뜨기, 겉뜨기1] 를 11번 반복, 겉뜨기1   (24코)

겉뜨기로 6단 뜬다. 덮어씌우기를 하고 실정리를 한다.

Patchwork Hanger

Patchwork Hanger

> 참조
> i-cord → p91

Yarn: Any leftover yarn of your choice

Needle: Two 3.0mm double pointed needles, wire hanger, tapestry needle

Instructions

To make i-cord:

CO 4 sts.

Instead of turning work, slide the stitches to the right side end of the needle.

Start knitting the next row by pulling the working yarn across the back of work.

Repeat knitting and sliding, and changing yarn along the way, until cord measures approx. 25 cm.

Continue knitting i-cord onto hanger:

Wrap yarn around hanger after knitting one row by rotating needle around hanger counterclockwise, OR, move working yarn across back of work so that needle and yarn will be in the right position to work the next row.

When the hanger is fully wrapped with i-cord, stop knitting around hanger, and work i-cord at the other end for approx. 25 cm.

Break yarn and draw end through all four stitches with tapestry needle and fasten tight.

Weave in ends.

Tie a bow with the i-cord and make a knot with at each end.

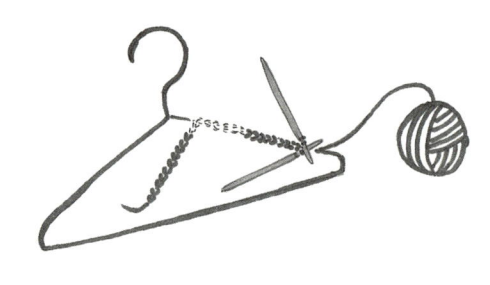

Patchwork Hanger

i-cord를 떠서 입힌 패치워크 문양의 옷걸이

사용실: 좋아하는 자투리 실

사용바늘: 3호 짧은 바늘 2개, 와이어 옷걸이, 돗바늘

뜨는 법

i-cord 뜨는 법:

기본코를 4코 만든다.

뜨개바탕을 뒤집지 않고 겉면인 채로 4코를 바늘 반대편 (오른쪽 끝)으로 슬라이드 시키고, 실은 뒤쪽으로 넘겨서 다음 단을 겉뜨기 한다.

「4코 겉뜨기하고, 뜨개바탕을 오른쪽 끝으로 슬라이드」하는 것을 반복하며 도중에 실을 바꿔가면서 코드가 약 25cm가 될 때까지 뜬다.

이어서 i-cord를 옷걸이에 떠서 입힌다:

1단을 다 뜨고 나서, 바늘을 옷걸이에 한 바퀴 돌리듯 바늘의 오른쪽 끝을 반시계방향으로 감는다. 이렇게 하면 다음 단을 뜰 수 있도록, 실이 바늘의 오른쪽으로 가 있다. 또는 1단을 다 뜰 때마다, 실을 뜨개바탕과 옷걸이 뒤쪽으로 넘겨서, 다음 단을 뜰 수 있도록 실을 바늘의 오른쪽에 옮기고 뜨개코가 바늘의 오른쪽 끝에 올 수 있도록 슬라이드 한다.

1단씩 옷걸이를 떠서 씌우면서 도중에 실을 바꾼다. 옷걸이가 완전히 감싸지면 코드를 옷걸이에 떠서 씌우는 것을 그만두고, 뜨기 시작한 곳의 반대편에서 처음과 같은 요령으로 i-cord를 약 25cm 뜬다.

다 뜨고 나면 실을 자르고, 돗바늘로 실끝을 4코에 넣어서 묶어서 실정리를 한다.

도중에 바꾼 실 정리도 한다.

양 끝의 i-cord로 리본 모양을 만든다.

Flower-motif Tape Measure Cover

Yarn: Leftover yarn in four colors
(Color A: 150cms x 2, B: 120cms x 2, C: 550cms x 2, D: 300cms x 1)

Needles: 3.5mm crochet hook

Notions: Tapestry needle, tape measure (5 cm in diameter, 1.2 mm thick)

Instructions in US terms (Make two)

Popcorn stitch: Work 5dcs into indicated space. Remove hook after 5th dc and put hook into 1st dc and draw through loop from the last dc.

Shell stitch: 1sc, ch3 and 2dc into ch-3 space of the previous round

Rnd 1: With color A, work 4 ch and (1dc, 1ch) 9 times into adjustable ring. Join with sl st into 3rd ch. Cut yarn and fasten.

Rnd 2: With color B, join yarn by making a slip knot onto hook and working sc directly into any ch-1 sp of prev rnd, ch 2, *1sc into next ch-1 sp, ch2; rep from * until end of rnd. Join with sl st into 1st sc. (10 scs, 10 ch-2 sps)

Rnd 3: With color C, join yarn to any ch-2 sp of prev rnd, ch3 and 4dc into same sp. work a popcorn st.
Ch3. *5dc into next ch-2 sp of prev rnd to make a popcorn st. and ch3.
Repeat from * 8 more times. Join with sl st into the first popcorn st.
Cut yarn and fasten. (10 popcorn sts, 10 ch-3 sps)

After making two pieces, weave in ends. Hold them so that both of the RSs are facing out.

Join color D, in the same way as in Rnd 2, onto any ch-3 sp, making sure that it is attached to both pieces. Ch3, 2dc into same sp.

Repeat working shell stitch 8 more times into the next ch-3 sp, making sure to insert tape measure before both sides are fully closed.

Nine shells all together, leaving one section open with only 1sc for pulling out the tape measure. Cut yarn and weave in ends.

Optional: Make a tassel for pulling out the tape.

꽃 모티프 줄자 커버

사용실: 병태사 정도 굵기의 자투리 실 4색

(A색: 150 cm x 2, B색: 120cm x 2, C색: 550cm x 2, D색: 300cm x 1)

사용바늘: 6/0 호 (3.5mm) 코바늘

도구: 돗바늘, 시판의 줄자 (지름 5cm, 두께 1.2mm 정도)

뜨는 법 (2장 만든다)

팝콘 뜨기: 한길긴뜨기 5코를 정해진 위치에 뜨면, 일단 바늘을 빼고 첫번째 코에서 마지막 코의 사슬을 잡아당긴다.

조개 껍질 무늬: 사슬 3코의 공간에 짧은뜨기 1코, 사슬 3코, 한길긴뜨기 2코를 뜬다

1번째 단: A색으로 원형뜨기 시작 고리를 만들고 사슬 4코를 뜬다 (기둥코 3코 + 1코). 그 다음 [한길긴뜨기 1코, 사슬 1코]를 9번 뜬다. 기둥코의 사슬 3번째에서 빼뜨기 해서, 뜨기 시작한 곳과 마지막을 잇는다. 실을 끊고 묶는다.

2번째 단: B색으로 코바늘에 고리를 만들어서, 아랫 단의 사슬 1코 공간에 바늘을 넣어서 짧은 뜨기를 떠서 실을 잇고 사슬 2코를 뜬다. 계속해서 [아랫 단의 사슬 1코 공간에 짧은뜨기 1코, 사슬 2코]를 단 마지막까지 반복한다. 처음에 뜬 짧은 뜨기에서 빼뜨기 해서 단의 시작과 끝을 잇는다. (짧은 뜨기 10코, 사슬2코의 공간×10)

3번째 단: C색을 아랫 단의 사슬 2코의 공간에 넣어서, 사슬 3코와 한길긴뜨기 4코를 같은 장소에 떠 넣어서 팝콘 뜨기를 한다. 사슬 3코를 뜬다.

[다음 사슬 2코의 공간에 한길긴뜨기 5코로 팝콘뜨기를 하고 사슬 3코]를 뜬 후에 이것을 8번 더 반복한다. 처음에 뜬 팝콘뜨기에서 빼뜨기해서 단의 시작과 끝을 잇는다. (팝콘뜨기×10, 사슬 3코의 공간×10)

같은 모티프를 2장 만들어서 실정리를 한다. 겉면이 바깥쪽에 오도록 하여 2장을 겹친다.

모티프 2장을 겹친 상태에서 D색 실로 2번째 단과 같은 방법으로 3코의 공간에 짧은 뜨기를 한다.

이어서 사슬 3코, 한길긴뜨기 2코를 같은 공간에 계속 뜬다.

이렇게 만든 조개 껍질 무늬를 8번 더 뜨는데, 완전히 다 뜨기 전에 줄자를 안에 넣는다.

조개 껍질 무늬가 전부 다 해서 9개. 1개는 짧은뜨기를 1코만 떠서 줄자를 빼내는 입구로 열어 둔다.

실을 끊고 실정리를 한다.

선택사항: 줄자를 잡아당기는 손잡이 부분에 태슬을 달아준다.

Instructions in UK terms (Make two)

Popcorn stitch: Work 5tcs into indicated space. Remove hook after 5th tc and put hook into 1st tc and draw through loop from the last tc.

Shell stitch: 1dc, ch3 and 2tc into ch-3 space of the previous round

Rnd 1: With color A, work 4 ch and (1tc, 1ch) 9 times into adjustable ring. Join with sl st into 3rd ch. Cut yarn and fasten.

Rnd 2: With color B, join yarn by making a slip knot onto hook and working dc directly into any ch-1 sp of prev rnd, ch 2, *1dc into next ch-1 sp, ch2; rep from * until end of rnd. Join with sl st into 1st dc. (10 dcs, 10 ch-2 sps)

Rnd 3: With color C, join yarn to any ch-2 sp of prev rnd, ch3 and 4tc into same sp. Work a popcorn st.
Ch3. *5tc into next ch-2 sp of prev rnd to make a popcorn st. and ch3.
Repeat from * 8 more times. Join with sl st into the first popcorn st.
Cut yarn and fasten. (10 popcorn sts, 10 ch-3 sps)

After making two pieces, weave in ends.

Hold them so that both of the RSs are facing out.

Join color D, in the same way as in Rnd 2, onto any ch-3 sp, making sure that it is attached to both pieces. Ch3, 2tc into same sp.

Repeat working shell stitch 8 more times into the next ch-3 sp, making sure to insert tape measure before both sides are fully closed.

Nine shells all together, leaving one section open with only 1dc for pulling out the tape measure. Cut yarn and weave in ends.

Optional: Make a tassel for pulling out the tape.

- 3번째 단까지 2장 만든다
- 4번째 단은 2장 겹쳐서 뜬다

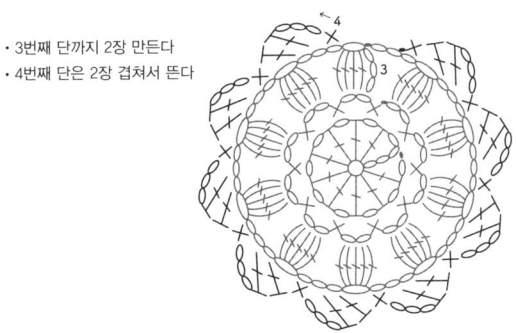

손뜨개 관련 해외 인터넷 사이트

미국

· Eat.Sleep.Knit
http://www.eatsleepknit.com

· Little Knits
http://www.littleknits.com

· Happy Knits
http://happyknits.com

· WEBS
http://www.yarn.com

영국

· Loop
http://www.loopknittingshop.com

· Cucumberpatch
https://www.cucumberpatch.com

일본

· 치카디
http://chickadee-yarn.com

· monmoi
https://monmoi.stores.jp

· Keito
http://www.keito-shop.com

· 히츠지다마
http://www.fiberrepublic.com

· 야나홀릭
http://yarnaholic-forever.com

· MOORIT
http://moorit.jp

· 유니온 울
http://www.union-wool.com

※이 책에서 사용하는 실을 취급하지 않을 수 있습니다.

손뜨개 관련 국내 인터넷 사이트

· 송영예의 바늘이야기
http://www.banul.co.kr

· 청송뜨개실
http://www.tgesil.com

· 뜨개머리앤
http://www.annknitting.com

· 니트러브
http://www.knitlove.co.kr

· 니트
http://www.knitt.co.kr

· 앵콜스뜨개실
http://www.ancalls.com

· 리네아
http://www.linea.kr

· 뜨리코떼
http://tricoter.co.kr

· 스마일러브
http://www.smilelove.kr

· 세비아
http://www.sevy.co.kr

참고문헌

Lily Chin, *Lily Chin's knitting tips & tricks*, Potter Craft, 2009.
Vogue Knitting Knitopedia, sixth&spring books, 2011.
『基礎シリーズ　よくわかる編目記号ブック　かぎ針あみ107』日本ヴォーグ社、1993
『基礎シリーズ　新・棒針あみ改訂版』日本ヴォーグ社、1997
Craft Yarn Council: http://www.craftyarncouncil.com/
Craftsy: http://www.craftsy.com/
Knitty: http://www.knitty.com/

Special thanks to Isabell Kraemer.

첫페이지(p001) 사진의 실
(앞쪽부터)　MADELINETOSH: Tosh Sport (Worn Denim)
　　　　　　MADELINETOSH: Dandelion (Red Phoenix)
　　　　　　MADELINETOSH: Tosh Vintage (Sea Salt)

커버사진 (노란색 Samonne) 의 실
Blue Sky Alpaca: ALPACA SILK (mango 114)

에필로그

영문패턴을 사용하는 뜨개 강좌를 시작하고 만 3년을
맞이하는 시점에 이 책의 제안을 받았습니다.

영문패턴에 도전하려는 분이나,
이미 뜨고 계신 분들과의 교류 속에서
많은 것을 깨달으며 배우게 되었고,
제가 하는 손뜨개에 대해서도
되돌아볼 수 있는 좋은 기회가 되었습니다.
3년간 이런 경험을 할 수 있어서
대단히 감사히 생각하고 있습니다.

책을 낼 기회를 주신 출판사와
도움을 주신 여러 스태프분들께 감사의 인사를 드립니다.
그리고, 언제나 함께 즐겁게 생활하며
따뜻한 마음으로 지켜봐 주시는 여러분께
진심으로 감사드립니다.

니시무라 토모코

뜨개질 레벨을 한 단계 올려주는
손뜨개 영문패턴 핸드북

1판 1쇄 발행 2017년 3월 27일
1판 3쇄 발행 2021년 5월 31일

지은이　니시무라 토모코
옮긴이　권효정
펴낸이　김현준
펴낸곳　도서출판 유나

경기도 용인시 수지구 신봉2로 30, 미래빌딩 2층 205호
전화 0505-922-1234　팩스 0505-933-1234
kim@yunabooks.com
www.yunabooks.com

ISBN 979-11-953866-7-3 13590

이 도서의 국립중앙도서관 출판예정도서목록(CIP)은 서지정보유통지원시스템 홈페이지(http://seoji.nl.go.kr)와 국가자료공동
목록시스템(http://www.nl.go.kr/kolisnet)에서 이용하실 수 있습니다. (CIP제어번호 : CIP2017003195)

AMIMONO "EIBUN PATTERN" HAND BOOK
All rights reserved.
Copyright © 2015 by Tomoko Nishimura
Korean translation rights arranged with TOKYO SHOSEKI CO., LTD.
through Japan UNI Agency, Inc., Tokyo and Korea Copyright Center, Inc., Seoul

이 책은 (주)한국저작권센터(KCC)를 통한 저작권자와의 독점계약으로 유나에서 출간되었습니다.
저작권법에 의해 한국 내에서 보호를 받는 저작물이므로 무단전재와 복제를 금합니다.